你的品牌没有网络IP，相当于产品在"裸奔"！

——王九山

百度霸屏
全网络营销之道

王九山 著

重塑品牌IP火爆全网

新华出版社

图书在版编目（CIP）数据

百度霸屏：全网络营销之道：重塑品牌IP火爆全网/王九山著.—北京：新华出版社，2021.7

ISBN 978-7-5166-5951-9

Ⅰ.①百… Ⅱ.①王… Ⅲ.①网络营销 Ⅳ.①F713.365.2

中国版本图书馆CIP数据核字(2021)第131872号

百度霸屏：全网络营销之道：重塑品牌IP火爆全网

著　　者：王九山	
责任编辑：蒋小云	封面设计：邢海鸟

出版发行：新华出版社
地　　址：北京石景山区京原路8号　　邮　　编：100040
网　　址：http://www.xinhuapub.com
经　　销：新华书店
　　　　　新华出版社天猫旗舰店、京东旗舰店及各大网店
购书热线：010-63077122　　中国新闻书店购书热线：010-63072012
照　　排：中版图
印　　刷：炫彩（天津）印刷有限责任公司
成品尺寸：170mm×240mm，1/16
印　　张：15　　　　　　　　　　字　　数：230千字
版　　次：2021年7月第一版　　　印　　次：2021年7月第一次印刷
书　　号：ISBN 978-7-5166-5951-9
定　　价：58.00元

版权专有，侵权必究。如有印装问题，请联系：010-65211700

王九山
WANG JIU SHAN

百度霸屏新媒体人

🐾 12年百度霸屏网络营销经验
🐾 《微商引流爆粉实战手册》作者
🐾 出版《社交电商新零售》书籍
🐾 创建5000+《微商课件军火库》
🐾 10万社群《万群汇联盟》创始人
🐾 联合发起100多场行业大会影响2500万人

擅长：百度霸屏、引流策划、社群课程定制

王九山私人微信号

扫码免费获取 日加千人课件

自序

我为什么出这本书？本书在出版前，曾遭到团队合伙人的强烈反对。他说，你这样做，就是自费武功！

经过一年多的筹备，这本书终于可以和大家见面了。书的问世，就好比看见自己的孩子出生一样，让人欣喜。

我从事互联网已经12年了，这期间走了不少弯路，吃过的苦和尝过的甜头不相上下。尽管如此，我还是很感恩，因为互联网让我结识了许多趣味相投的好朋友，与他们之间的友谊，是我收获的最大财富。

我为什么要出这本书？

最早有这种想法时，只是为了方便自己的徒弟们学习。

我刚开始做互联网服务的时候，就有不少人表示愿意追随我，拜我为师。刚开始我没有收徒弟的意愿，因为自己这个年纪，何德何能让别人喊我老师，再加上带徒弟也是一件劳神费力的事。

后来考虑到一些特殊群体，他们的家庭比较困难，像我一样来自农村，都渴望通过努力改变命运。对此，我感同身受，也很希望能帮助他们，就开放了部分教学名额。那时候我带徒弟不收费用，纯粹是想帮他们，每个要拜师的人都会给我三个拜师理由，我觉得可以就接受这种缘分。毕竟，分享让我觉得很快乐！

从带徒弟开始，我逐渐产生了一种强烈的愿望，即希望把我多年沉淀的网络知识分别做成100集视频和100套文档课件。这样可以避免重复教学，相似的问题我只教一遍，学不会的同学通过查看课件教程来加深理解，既方便又有效率。

随着一个个课件的问世，大家的网络能力得到了提升，这些课件再经过多次整理和升级，内容越来越全面系统。慢慢地我就有了把这些内容编辑成书的想法，这样一来，我的徒弟们可以先学习书本里的知识，然后再和我交流，从而节约我们之间的沟通成本，这就是我写这本书的初衷。

除此之外，我也真心实意地想写一本对大众有意义的、实战性强的网络营销类书籍。所以，最终我用五百多个日日夜夜完成了这本书。

谁适合阅读这本书？

除了我的徒弟，这本书的读者大部分应该都是我的学员粉丝，以及广大的互联网爱好者。

不管你来自哪个行业，我真心希望你们在阅读完本书后有所收获，能从书中找到蜕变的方法，在网络上实现沉淀和业绩暴增。

因为《百度霸屏：全网络营销之道：重塑品牌IP火爆全网》这本书，切切实实总结了过去12年里，我和我的团队为3000多个品牌服务的实战全网整合营销经验。里面记录了大量且完善的落地方法和流程，不仅包含网络布局的方法，还有很多关于文案创作技巧、品牌网络IP布局、负面舆论解决办法、全网整合营销、SEO[1]排名等方面的内容或方法，其中很多都是我们团队实战的经验。不管是给自己做口碑布局，还是自媒体矩阵[2]，或者全网引流打造IP、制造公关舆论，诸多方面在书中都有提及。

---

[1] SEO（Search Engine Optimization）：汉译为搜索引擎优化，是一种方式：利用搜索引擎的规则提高网站在有关搜索引擎内的自然排名。目的是让其在行业内占据领先地位，获得品牌收益。很大程度上是网站经营者的一种商业行为，将自己或自己公司的网站排名前移。

[2] 指的是品牌将多个自媒体平台有机组合在一起，为企业或个人打造品牌，进行营销。

同时，这本书对网络爱好者而言是一份礼物，他们可以照着书里的方法一步步实践操作和落地，实现最大化的收获。

之所以毫无保留地分享这些，是希望将来有一天我和我的读者们相遇时能够听到他们很开心地说："你写的书真有用，真好。"这样，虽然它曾耗费我大量的时间和精力，但我会觉得它的出版是值得的，能够因此被大家认可和喜爱，我深感自豪。

本书还面向几种重要的读者群体，即对网络布局非常重视的品牌方或者明星，他们苦于无法在短时间内迅速组建团队来执行业务，需要把业务外包给专业团队。这类群体不但重视网络布局，并且善于合作，懂得利用外包来节约自己的时间成本。

你刚好需要，我正好专业！

很多人都知道我们团队现在主营的业务是给客户做百度霸屏、互联网排名和新闻媒体布局等与网络相关的服务。既然我们本身在提供这方面的业务，为什么还要出书教大家怎么做？并且书中有不少内容涉及我们团队的核心技术，如果别人都学会了，谁还找你？更重要的是，我们的潜在客户、自媒体人，甚至竞争对手都能看到这本书，我还这样毫无保留地公开自己的核心技术，不就等于自废武功，断了自己的后路吗？我们团队一开始也非常担心这些问题。

的确，我们的客户群体主要是有网络布局需求的品牌方、互联网创业者，他们需要IP打造和引流等服务。其实那些少数花大钱找我们做百度霸屏全网布局的人，都是具备外包思维又对网络布局比较重视的人。

如果你本来想找我合作百度霸屏，但在看完我的书后，自己就可以带团队做布局了，我一样觉得很开心，因为我做了一件对大家有帮助、有意义的事。

我写书的初衷就是为了普及，毕竟市场这么大，每一个人都来找我，我会因为太忙而很劳累。当然，如果你已经通过阅读本书对网络布局有了基本了解，但没有足够多的资源开展工作，我们的团队很乐意为你效劳。

如果你需要专业写手，我们团队有40多个；如果你想快速完成布局，

24小时内我们就能让你看到结果；如果你不想养那么多账号，我们一样可以帮你。此外，我们团队还能够提供额外的附加值，这在同类型团队中是独一无二的。你刚好需要，我正好专业，合作就这么简单。

我和我的团队为了出版此书，花了大量的时间和精力，尽可能将我们多年的从业经验和心得在字里行间呈现。如果本书有一两个知识点对你有所启发，我们的付出就是值得的。不求更多的合作，只求读者能满意，我们能够获得更好的口碑，有更多的人能把这本书推荐给更多的人看。

以书会友，如果你还想结交更多和你志同道合的人，我也愿意成为给你创造连接的一个平台。未来，我们会在其他场合或以其他方式给大家分享更多不一样的网络营销方法。同时，欢迎广大读者加入我的书友群共读、共享，一起创造更大的价值。

——王九山（私人微信：876193）

大咖·见证

从事互联网工作这么多年,深刻体验到网络营销的魅力,也了解到网络布局对一个品牌的重要性。王九山老师写的这本《百度霸屏:全网络营销之道:重塑品牌IP火爆全网》,给品牌百度霸屏、全网IP打造,提供了战略方向和实战布局技巧,不管是品牌还是个人,一定会受益匪浅。推荐大家阅读。

知名站长自媒体人——卢松松

我们"落地荟"很多会员,都是找的王九山团队做的百度霸屏全网布局。因为他们的团队是实战派,所以我比较推荐,并且他们也帮助我们的网络做了很多方面的优化。他有3000个视频账号,5000多家媒体平台资源,精通各种网络排名,能和这种专业团队合作是一种莫大的缘分,并且王九山还比较擅长引流裂变,是辅助品牌方的一把好手,能产生合作,如虎添翼,绝对是个好搭档!

落地荟创始人——方雨

我从服务的3000家品牌的经验中总结了一个道理，越是做得比较好的品牌，越注重网络布局和推广。如果你想让沟通成本更低，促成更好的成交，一定要做全网的信任背书铺垫、百度霸屏辅助招商和裂变。王九山老师有12年的全网布局经验，我们的很多客户都是他服务的，人也比较靠谱，我很放心地把他推荐给我身边的每一位重要客户。

K大咖、视盟创始人、社交品牌赋能专家——管鹏

我曾经在我的公众号，以及我的私人朋友圈多次推荐王九山百度霸屏团队，原因很简单——好的服务商就应该让更多人知道。王九山的口碑和实力有目共睹，他们团队有40多人写文章，几乎给品牌方省去了两个部门，一个是文案部门，一个是网络营销部门。再加上有王九山的社群裂变做辅助，能协助品牌一起成长，一起打开市场。他写的这本书凝结了其多年的实战经验，真的是读者的福音。以后，我会推荐给更多"触电会"的会员拜读。

微商自媒体第一人——龚文祥

我是梁凯恩，我和王九山多次合作，每次都给我惊喜，如果你想要打造自己的网络IP，如果你想要你的品牌影响很多人，如果你想要你的创业变的更轻松，我郑重推荐一定要购买王九山的新书。

超越极限董事长——梁凯恩

>>

王九山是一个善于启发他人营销思维的人，他用了多年的实战经历及服务过的品牌案例告诉我们，要想把品牌的价值最大化，网络布局的技巧一定要掌握。他为人比较务实，所以我也很放心地把他推荐给所有微谷合作过的客户以及我身边的朋友。这本书他酝酿很久了，凝结了其服务3000多家品牌的实战经验，书中很多的全网营销方法拿来就能用。希望这本书能够被更多人看到，然后帮助更多的创业者。

微谷中国董事长——郑金华

我们蜜拓蜜与王九山的百度霸屏全网布局团队深度包年合作后，觉得非常好，并且此后接连合作了云南白药、千草美姿、娃哈哈、奢纯等4个品牌。我们以后会一直与王九山团队合作下去。同时，也会将其推荐给更多品牌方，他们确实不错。

中国新零售集团董事长——张爱林

>>

和王九山多次打交道，他是一个做实事的人，脚踏实地做服务。我的很多客户都是找他们做的百度霸屏和全网布局，我们的"微商春晚"他也参与过视频霸屏以及口碑问答推广等。为了表彰王九山的优秀表现，我们也在春晚的舞台给他颁奖加持肯定，同时也推荐给更多品牌方和九山连接，他有很多前沿的营销方法可以和品牌相结合。能接触到这么优秀的服务商也算是品牌的一种福气，真心推荐。

沸点天下董事长——张勇

不管是打造个人品牌，还是打造品牌IP，在营销中都必不可少的。而整个互联网IP的打造，更决定了一个品牌的生命力，所以我比较推荐王九山老师的这本《百度霸屏：全网络营销之道：重塑品牌IP火爆全网》。书里面，他非常全面地介绍了适合品牌以及个人网络布局的方法，而不仅仅局限在百度霸屏。王九山是圈内比较少见的实战派，我们都比较认可他，我也希望各位一定要拜读，你会感谢自己的决定。

个人品牌盈利学院创始人——智多星

抱怨没有用，一切靠自己。但专业的事情还是要找专业的团队来做辅助。对企业而言，品牌营销是所有营销中的重中之重，是更高层级的营销。品牌营销要想做得好，必定离不开百度霸屏以及全网布局，而王九山老师的这本新书，是他12年实战经验的精华，值得学习。

《超级演说家》年度亚军——崔万志

和王九山结缘5年了,一路见证他创造的各种奇迹。这本书是王九山老师12年百度霸屏经验的沉淀之作,他不但教会你从产品思维跳跃到流量思维,还坦诚地告诉你如何借助互联网的力量,突破品牌赋能、百度霸屏、新闻布局、品牌打造、SEO排名等营销方面的瓶颈,值得学习!他的人品也是值得我肯定的,我也经常推荐我身边的品牌方给他认识,大家对他的反馈都很好。

新零售赋能中心创始人——郑清元

>>>

已经给王九山推荐过无数次客户了,也在"开课猫"的平台多次邀请王九山分享他的引流秘诀以及百度霸屏营销心得。之所以愿意反复推荐他,是因为王九山是一个以结果为导向的人,靠谱才是硬道理。他能够把多年的网络布局经验写到书里,大家花几十块钱就能轻松获得,简直太超值了。等书正式出版后,我一定给我的所有客户一人赠送一本,以书会友。

开课猫创始人——罗品牌

全网营销势在必行，全网营销能助力企业和个人快速地拓客和建立顾客信任，更好地经营企业和个人品牌。数字化营销时代，传统的营销模式逐渐被取代，要想不被激烈的商战所淹没，建议从王九山老师的《百度霸屏：全网络营销之道：重塑品牌IP火爆全网》学起。

超级畅销书作者——王易

王九山，多年在互联网营销一线实战，硕果累累。《百度霸屏：全网络营销之道：重塑品牌IP火爆全网》一书汇集了他多年的实战经验。如果你想开启互联网营销，这本书一定对你有所启发！

10亿级创业者、韩后副董事长——肖荣燊（光头肖）

一看就会，一学就懂，实操干货加外包思维，真的是全网营销类少有的、值得一读的书。在书中，你会看到一个不一样的互联网世界，推荐！

中国内地女演员——杨晶晶

很多人认为现在是流量见顶，推广难度加大，营销越来越难做的时代，王九山却认为这是个特别好的时代，能让全网营销变得越来越公平和专业。此书知识点丰富，有大量实战案例，尤其是对于做品牌的人来说，类似如何引爆当下布局等问题，都能在这本书中获得灵感。营销人学会全网布局，可以迅速与对手拉开差距！

朵女郎创始人——陈临安

我是两岸微商创业论坛发起人，我的使命是帮助台湾企业打开互联网眼界，让台湾企业与中国大陆及世界互联网同步。和王九山认识4年多了，深刻感受到他的专业和执着，我们之间相互合作达成了很多共识，这次一定也会把九山营销学带到台湾，普及给更多需要学习的人。该书和该人确实都值得推荐。

台湾华人移动互联网交流协会发起人——台湾老汤

不管是招商，还是成交、引流、裂变等，信任背书很重要。对一个品牌来说，让别人在短时间内相信你，并且认可你，非常重要。王九山擅长解决这个问题，他做的百度霸屏全网营销在业内备受关注。辅助招商裂变，节约沟通成本，如果你想全方位打造你品牌的IP，我推荐阅读王九山的这本《百度霸屏：全网络营销之道：重塑品牌IP火爆全网》。

中国新招商模式第一人——招商哥

>>>

王九山是"克亚谋士团"里的一名重要谋士，经过我层层考验的人不会差。他擅长网络布局全网营销。我的百科以及谋士团的百科和新闻宣发等网络布局都是王九山一手操办完善的。王九山的新书《百度霸屏：全网络营销之道：重塑品牌IP火爆全网》以独特深刻的人性视角剖析了目前最高效的网络营销策略、技术和工具，无论你专注品牌布局营销，还是重视实操，都能从中找到与众不同的思路和方法。

销售信鼻祖——刘克亚

王九山的《百度霸屏：全网络营销之道：重塑品牌IP火爆全网》这本书涵盖互联网营销的各大领域，深入浅出阐述了多种高效方法，望读者们用好其中的道法术，在互联网上创造真善美的成绩。

抖音千万粉丝大咖、畅销书作家——郑俊雅

>>

不管是明星还是网红，品牌还是个体，IP人设都相当重要。专业的事情交给专业的人，让王九山团队全方位地帮你打造一下吧。王九山的新书，一定要支持一下，绝对的营销宝典！

鹿鼎记韦小宝扮演者——影视演员张世玉

>>

作为电视媒体人，我经历过很多前沿的宣传做法。在互联网圈，有一个高级别的人物我们合作得一直不错，推荐大家认识一下，即王九山老师。王九山老师把他12年的实战经验写在了这本《百度霸屏：全网络营销之道：重塑品牌IP火爆全网》里，看完后你会觉得不可思议。推荐大家阅读，你会感谢自己的决定的！

浙江电视台《浙世界》栏目组——邰明飞

在浙江电视台工作这些年，我深刻感受到传播对一个品牌的重要性。新媒体时代，如何用更低的成本玩赚互联网，如何快速高效地进行全网布局推广，我推荐一个好朋友——王九山老师。他服务了很多上市公司和500强品牌，得到他们的一致好评，我们之间也经常联系。因为靠谱，所以值得推荐！

浙江电视台公共新闻频道《浙1周》栏目主任——毛声平

>>>

花更少的钱，做更实用的营销，即使你对互联网并不精通，王九山老师的这本《百度霸屏：全网络营销之道：重塑品牌IP火爆全网》也会给你不少收获和启发。他深入浅出地讲解了新媒体矩阵营销。并且王九山擅长打造爆款营销事件，支持九山就等于支持你自己！

赛微利通董事长（著名国际品牌设计师、营销专家）——郭鹏和王九山老师认识多年，他为人处世都非常低调且务实，写的书也深受好评。在互联网创业浪潮中，想让企业和品牌更有竞争力和信任感，一定要做全网布局。九山老师值得推荐，我经常把他推荐给我的学员和客户，正所谓专业的人做专业的事，他的书一定要拜读，你一定会感谢今天的选择。

荔枝电台600万粉丝、轻创会创始人——大海老师

为了让视频营销更简单、更有趣味，我们开发了逗拍、趣推、字说App，曾7次进入App总榜榜首，得到了市场一致好评。为了解决信任背书，颠覆传统网络布局，王九山百度霸屏团队迎势而上，短时间内为3000个品牌提供了网络服务。如果你想解决你的网络布局难题，想要从一个网络小白变成互联网大咖，我不仅建议你阅读他的书，还推荐你连接他的人。

逗拍联合创始人——蔓延队长

如果你想要更成功，一定是这样的：读万卷书、行万里路，外加阅人无数和名师指路，以及最终自己感悟。如果想做好互联网营销，不妨读一读此书。多和王九山老师沟通，你会看到不一样的互联网世界。

中国电子商会社交新零售专业委员会副秘书长——徐义

>>>

芒果大微成立以来，多次成功举办轰动行业的盛会和活动，我也多次和王九山搭档。他非常靠谱，不但帮助我们项目做网络布局，而且我们的很多客户也与他合作。口碑能做得如此好，我也就很放心地推荐更多的人给他，年纪轻轻，未来可期，一起组建联盟做更多有利行业的事情。

芒果大微董事长——刘任华

金涛饭局，赫赫有名，离不开九山兄弟的宣传推广。我们一起拍过戏，一起搞过大会，忍不住给他介绍了很多客户，大家给的反馈都比较好。九山兄弟是实力派，还比较正能量，热爱付出，认识他你会觉得超级棒。他的书是他亲自写的自己的实战经验，期待在圈内再次爆火，大家多多支持。

红人圈创始人——金涛

和九山兄合作三年了，他的网络布局速度非常快，团队高效作战，我发自内心地推荐。很多人都需要他的服务，我的百科和很多媒体矩阵都是九山兄亲自操刀做的。我帮助他的同时，他也在很用心地帮助我，生命中有一个这样的朋友我觉得很幸运，真诚又有能力，值得更多伙伴与他结缘。

腾讯看点直播"一姐"、互联网女神——陈建英王九山团队，参与联合主办100多起社交电商新零售行业大会，影响至少2000万人。我和他也一起联合举办过行业大会，王九山非常优秀，就人脉关系和粉丝支持率方面，在所有的联合发起人中排行第一。和他合作过就知道，他是一个以结果为导向的人，实力与魅力并存。他也是我们协会的特别顾问，我会支持他一起为行业发声，为行业服务。

中国新零售协会——侯林（会长）

>>>

　　大熊会成立10年了，很多学员通过网络实现了逆袭，但打铁还需自身硬。你是谁？你将遇见谁，要想全方位地布局自己的网络IP，了解最前沿的互联网布局，就读王九山老师的这本《百度霸屏：全网络营销之道：重塑品牌IP火爆全网》，没基础的人也能看得懂，资深玩家一样会有收获，推荐大家认识王九山老师。

大熊会——万能的大熊

娃哈哈新零售上市以来，备受消费者喜爱，除了大品牌过硬的品质外，还有就是全方位的网络布局和战略扶持。这里非常感谢我的好兄弟王九山老师对我和团队提供了支持及帮助，我们合作以来非常愉快，以后不但会长期合作下去，还会给他介绍更多客户。知道王九山要出新书了，替大家感到开心。他的网络核心技术能公开分享更值得点赞。

娃哈哈、悠简操盘手——朱海

美点东方用14年服务了超过10000个品牌，我们团队的200多个员工都会力推王九山团队的百度霸屏业务，因为这对客户来说是刚需。我们只想解决客户的需求，把靠谱的服务商介绍给客户，最终我们得到的客户反馈也都超级好。王九山除了在网络布局方面有深厚功底，还能帮助品牌方做战略调整、全年布局方案、引流裂变的打法，等等，这些确实需要操作的团队拥有过硬的水平，品牌方一定也需要他这样的人做辅助，所以，他在业内备受欢迎。

美点东方创始人——谭建中

我的原创歌曲《撸起袖子加油干》在上线第一天，点击量就快速突破了100万。在互联网时代，除了过硬的品质，还要学会借助互联网的力量，借力可以让你事半功倍。如果你想让你的品牌借更大的力，产生互联网效应、打造品牌IP，那么我推荐你和王九山兄弟产生深度连接，他12年的互联网营销经验，能助力你的事业腾飞。

华语流行歌手——许嘉文

>>

我在过去这15年的互联网创业生涯中，曾获得2006年中国十大网商20强称号，也曾三次与马云交流沟通，这给了我无限动力。我出版的书的销售量也在短时间内快速突破100万册，遥遥领先同类书籍。我也在我的《微商造势108招》一书中推荐过王九山，大家要想创业成功，并做得足够好，一定要学会造势和借势。同时，我总结王九山有两个特点：第一，他为人很靠谱；第二，王九山做的全网布局对大家都有帮助，是很多大品牌背后的网络推手，传播能力很强，你和他合作的话，你们彼此一定会相互加分。

IP资源连接第一人——肖森舟

品牌要想快速变现，一场会议营销很重要，成交前的信任背书和网络布局更重要。开会选奇迹，成交没商量！霸屏找九山，布局不一般！王九山的百度霸屏全网营销，可以说令人惊讶，我的很多客户也和他合作，反馈都非常好。打造品牌IP、品牌网络包装，就从认识王九山开始吧。

奇迹营销——小明哥

直播是一种生活，营销更是生活方式。过去5年，我直播了近2000场次，带过2000多位学生，包括2009年做微博营销至今，我很清楚趋势和营销结合的重要性。如果你有好的产品，再加上好的营销方式就能如虎添翼。在这方面，我推荐一个擅长网络营销的好兄弟——王九山。我和王九山认识4年，合作过多次，也一起举办过大会，我们搭档得很愉快，我也经常向我们"重字号"的学员推荐他，确实不错！

中国微电商主播第一导师——王重

我曾经用90天裂变增长20万付费粉丝、6000个城市站长。做社群久了你会发现，比赚取流量更重要的是赢得人心，比变现更重要的是打造IP，要想吸引陌生人，最需要解决的问题是找到信任背书。在互联网时代做品牌亦如此，如果你想要你的品牌得到一个全方位的包装布局，深度打造品牌的IP，王九山团队绝对是你的最佳选择，他的实力，我们都看得见！

百万社群矩阵"社群空间"创始人——狼师爷

市场上做网络营销培训的，有很多是我的学生。我是清华大学和北京大学的总裁班授课专家，也是百度公司培训师，曾经出版过6本关于互联网营销的书。做网络营销，我有16年的经验。最近这两年，我发现了一个专家级别的网络高手——王九山。他迅速占有市场，得到大家的热捧。通过了解，发现他确实是实战派，我们也一起合作过，他也被聘请为我们的副校长，我们一起赋能更多需要帮助的人。能和王九山合作的人，肯定赚了。

著名网络营销专家、北大博雅社交新零售课题中心主任——石建鹏不管是互联网时代，还是移动互联网、物联网时代，大环境是非常重要的基础。对于强IP的超级个体和强招商的品牌来说，大环境则更为重要。很高兴看到这本书的出版，把九山团队服务的多家世界500强品牌和多位明星的网络布局经验整理成知识和方法与读者分享，相信这会对大家有所帮助。专委会的很多会员单位线上大环境都是交给九山团队完成的，也包括我的，毕竟专业的事要交给专业的人。

中国电子商会社交新零售专委会秘书长——凌教头

>>>

我是徐东遥，我的《我是微商》系列丛书及《一本书读懂社交新零售》全球销量已突破100万册，并且我总授课超1000场，受众达1000万人次，曾服务过6000余个品牌。这么多的经验告诉我，流量布局对一个品牌有多重要。我曾经多次推荐我的朋友与王九山老师合作，效果都非常好，百度推广和全网布局是品牌刚需，王九山老师为人靠谱，推荐他就等于帮助更多人，以后会和王九山老师一起为行业赋能。

畅销书作者——徐东遥

和王九山认识以来，一路见证他的辉煌战绩。以前他是网络幕后推手，当走上舞台的时候，瞬间被大家熟知，并且成为行业诸多大会合作的标配。王九山善于合作，也善于付出，并且非常利他，为别人着想。因为他的互联网营销基本功比较踏实，服务的客户也都非常满意，我这边至少给他推过30个品牌方，服务反馈都极好。王九山也是我赋商会的联合创始人，一起服务赋商会的所有会员，我们都比较认可他为人处世的风格。所以，没合作的，赶紧主动找王九山合作。他不善于主动成交，更善于用心服务，且用结果说话。

赋商会创始人——郑九洲

>>>

三里人家的成功，离不开互联网的助力。如果你的产品过硬，再加上一系列的网络营销操作：引流、帮扶、成交、裂变……你便可以带很多人创业逆袭。如果你准备起盘，或者已经在创业的路上，我都推荐你和王九山产生连接，我和身边的很多老师都非常认可他。只要找对人，你就很省心。九山兄弟要出新书了，更要支持一下，推荐给更多从业者阅读。

三里人家品牌创始人——夫子

第一次听到王九山这个名字，我就知道非凡人！初识九山老师是在五年前，他还是默默无闻的幕后工作者，但浑身散发着挡不住的锋芒，不到半年时间就脱颖而出，轰动整个行业。他不仅是一位知名自媒体人，更是一位成功的企业家，是圈内人的精神领袖与榜样力量。他有大格局，能屈能伸，能动能静，对待朋友、客户和工作都极其用心负责。都说人品是最好的风水，成功绝非偶然。九山老师值得我们所有人靠近、支持、信任。这本网络营销宝典，也是九山老师多年的心血结晶，值得阅读学习，强烈推荐！

本摄形象创始人——沈莫尘

>>>

作为媒体人，要知道网络传播的重要性，在这方面，王九山团队做得非常出色。我曾经在我们"见微传媒"平台多次推荐过王九山，希望他能够帮助到更多需要帮助的人。你的品牌值得更多人注目。

见微传媒创始人——程颖

我早在2013年注册运营"微商"公众号，这一公众号是第一个获得腾讯官方认证的"微商"公众号。我作为一个拥有微商第一大号、500万垂直粉丝，曾为100多家品牌提供深度服务的自媒体人，也曾经主动要求在我的公众号大号推荐王九山的网络布局之道。之所以愿意推荐他，是因为通过接触，感觉这个人很靠谱，是实干家，并且我的很多客户和他有过合作，好评率百分之百。九山也有很强的组织能力，能帮你的品牌更上一层楼，必须力荐。

穿石教育创始人——茶道长

关于百度霸屏全网布局，我很开心能和王老师达成战略合作，全面彻底地认识了什么是深度网络布局。九山老师给我和我们服务的品牌做了全网布局服务，我非常满意，另外还给我们团队做了5个百度百科，帮大家打造个人IP。网络营销我推荐王九山老师，值得信赖。

WFA国际促动师协会会长、畅销书作者——段泓冰我培训服务过500多个品牌，告诉过每一个品牌百度霸屏和全网布局的重要性。网络布局的深度决定了一个品牌的生命力。如果你要深度布局，就一定要找我多年的好兄弟王九山老师，与他合作过的人都很感激，因为我知道他所提供的价值，了解其带领的团队集品牌曝光、内容传播和高效引流于一体，可以让你快速霸屏，实现社交品牌梦。

微商公社创始人——易鸣

客户的果是我们的因，只有深度聚焦交付才是唯一要做的战略。我曾经邀请过九山老师为我们"微世界"的伙伴讲过引流裂变的课，非常棒，老师是绝对的实战派。现在九山兄要出新书了，迫不及待想在新书到手后分享给身边的伙伴以及客户。希望更多人阅读王九山的书，连接王九山的人。

好望角营销总经理、微世界创始人——黄阳明社群运营，我追求致精致一。而百度霸屏全网布局，业界公认九山老师的致精致一。九山老师通过百度霸屏全网布局成就了数百个项目和个人品牌。2018年我俩联手一起举办了轰动业界的"中国社群营销大会"，大会的造势宣发、组织、赞助的招募全被他包揽。他为人亲和、真诚，得到了业内大咖和粉丝的拥护。百度霸屏全网推广，我们愿与九山老师结伴同行，一起赢。

精壹门创始人、畅销书《引爆微信群》作者——老壹

过去4年我们合作的品牌方超过3000家，在合作的过程中深刻体会到，品牌方能活下来的主要动力在于他们的品牌能够真正做到底层裂变，打通消费用户与商家的双向依赖关系，让品牌的价值最大化落地。除了我们系统的辅助之外，王九山的百度霸屏布局关乎打造品牌的超强IP。如今他把核心技术公开到书里，定会带来新一轮的网络营销热潮。如果有人问我百度霸屏找谁，我一定会推荐王九山，其他人毫无可比性，推荐王九山就是为客户负责。

脉库科技创始人——强仔

在我6年成功辅导起盘500多个品牌的经历中，有一个不为人知的成功法则就是百度霸屏全网布局。百度霸屏就是起盘招商最好的背书。我们的客户合作九山兄弟进行网络布局都很成功，而且他的影响力和口碑在圈内是最好的。我希望更多的人在关注王九山新书的同时，也能和王九山产生深度连接，未来我也将联手更多王九山这样的超强玩家一起为品牌赋能。

星火定位营销咨询董事长——不花老师

我差不多每个月都要举办一场1000人左右的大会。会上我多次邀请王九山老师来授课，给大家分享百度霸屏全网营销的干货。不但如此，我还主动付费让王九山给我做网络布局。他超级专业，并且速度很快，我这边也多次把王九山的业务推荐给我们"世界播商"的学员和品牌方，收到关于王九山团队执行力的好评不断。未来，我也会携手50位合作伙伴、1万名企业家，继续力推王九山的业务，让更多人知道他，让他能为更多优秀的品牌效力。

中国新零售大学校长——安瞳

我是600万星座粉丝微博主，也是知微全案创始人，起盘和服务了1600多个品牌。过程中我最大的感悟是帮扶和赋能。我和王九山老师联手打造过轰动行业的社电会活动——全球资源共享峰会，对王九山团队的百度霸屏以及全网布局印象颇深。王九山比较务实、利他，和我的价值观一致，我也邀请他到"社电会""群播会"分享他的"九山霸屏九连环"，学员一致好评。优秀的老师，就应该让更多人熟知，我信赖、我推荐！

　　　　　社电会（群播会）创始人、知微全案创始人——微神

>>>

　　"深度触网"线上付费学员已经突破15万人，城市服务中心210个，举办过200多场各省分区线下资源对接会，这些就是互联网借力的力量。没做社群之前我就是互联网的受益者，之前百度推广在线接单超过2.8亿的订单。我深刻感受到，互联网是一个好的借力工具。如何把网络布局发挥到极致，王九山老师把他12年的网络布局经验呈现在这本书里面，不到100块钱就可以获得的营销宝典，超值推荐。

　　　　　　　　　　　　　　　深度触网创始人——刘晓

我是永和豆浆创始人豆哥，王九山专访"永和"的一篇采访非常有深度，并且多次帮助永和文化以及我们的"企业家俱乐部"进行全面的网络布局，我也曾录过视频感谢王九山。祝贺我的好兄弟王九山的新书——《百度霸屏：全网络营销之道：重塑品牌IP火爆全网》大卖。网络营销布局，就找王九山，有了王九山，霸屏不一般。

永和豆浆创始人——林炳生

>>

　　专业的事情交给专业的人，我也曾经在媒体面前赞扬过王九山的不一般。我们思埠集团的布局，有王九山的一笔。他给我们写了很多稿子，除了参与过我们的相关网络优化整合外，还陆续布局了思埠集团的其他项目，表现很出彩。我多次对他表示肯定，他在自媒体圈内的口碑也是相当好。

思埠集团董事长——吴召国

仰首是春，俯首是秋。越是大品牌，越明白网络布局的重要性。一个社交化的企业要具备三点宣传管理：一是建立一个消费者了解品牌文化的入口；二是解决信任背书，把品牌IP立体化；三是辅助招商裂变。在这里给大家介绍一位我多年的朋友——王九山。当你拿起这本书的时候，恭喜你，你即将成为你的领域的网络布局营销高手。《百度霸屏：全网络营销之道：重塑品牌IP火爆全网》是九山兄弟的力作，一定会打开你的网络新世界。

　　　　　　　　　　南京同仁堂1+6品牌营销总裁——杨统一

>>>

　　北下朱陆陆续续为几千家品牌和工厂提供服务和帮助，深知网络布局与营销的重要性，太多好的产品需要好的品宣传播。王九山老师的新书给了很多网络布局的新方法。如果你想要让自己的品牌赚钱又值钱，推荐你阅读王九山的这本书，相信一定会给你不一样的启发。

　　　　　　　微商直播电商第一村——金景喜（北下朱村村长）

在过去12年的电商运营实战中,我曾运营过3个行业类目的第1名,也是"疯狂淘宝"的创始人。我发现更多的电商需要转型升级,融入新的互联网思维。通过和九山接触,我发现他的引流裂变和社群操作方法值得电商人学习。不仅如此,王九山对互联网的虔诚及细节研究的匠心让我印象深刻。他是一个网络奇才,其12年的实战经验汇集在这本《百度霸屏:全网络营销之道:重塑品牌IP火爆全网》里。好好读,好好做,一定会引爆你的品牌!

推易网红电商学院院长——李涛

前言

5G的到来和互联网的不断普及，在改变我们生活轨迹的同时，也改变了很多人的创业方式。如何让自己在互联网时代更具核心竞争力，是每一个互联网创业者必须面对的问题。根据当下创业者的需要，这本书应运而生！

本书适合的群体有：互联网创业者、微商创业者、电商从业者、自媒体从业者、网红运营者、网赚群体、线下店铺、宝妈群体、大学生、教学老师、教育机构、新零售品牌方、个人团队长、百度霸屏布局需求者、打造个人IP的个体创业者，等等。

这本书有哪些知识点？

本书将从如何撰写文案、互联网综合布局、如何做好口碑问答、引流裂变、如何打造品牌的IP、如何给自己的IP定位、如何做新闻媒体的排名和布局、如何做SEO优化、如何做视频排名、如何网络公关、如何做百度霸屏全网布局、如何全网整合营销、如何高效完成网络战略布局和如何具备网络运营能力等多方面展开探讨。

本书汇集了我多年的互联网从业经验和心得，不仅有理论、方法、工具，还配有大量的案例和图片，方便读者更深入理解，手把手地教你如何借助互联网的力量实现真正的业绩倍增，打造你品牌的超级互联网IP，让你的品牌赚钱又值钱，让你的事业更上一层楼。

如何以正确方式打开这本书？

个人建议，您最好用不同颜色的笔做记录，一边看书，一边延伸想象自己的网络规划，然后进行实操总结。相信我，这本书值得你反复阅读，如果你在阅读过程中，有更好的建议和想法，或者对某一章节想做交流，可以搜索公众号"王九山"并留言，我会仔细查阅和回复。

目录

第一章
网络营销心法

一、网络的无限可能，你我都可以改变命运　　001

二、你的网络IP决定你的江山地位　　003

三、利他思维，做好人，做好事　　011

四、空杯心态学习，蹲下来是为了跳得更高　　013

五、在互联网中修行　　015

六、为什么做百度霸屏比怎么做更重要　　016

七、网络中有很多免费的"宝藏"　　018

八、懂布局比懂技术更重要　　019

九、付费思维，四两拨千斤的奇操作　　021

第二章
百度霸屏与全网整合营销

一、搜索引擎不止百度、360、搜狗等　　026

二、什么是百度霸屏　　　　　　　　　　　　　027

三、为了活下来，你才知道为何要做百度霸屏布局　　029

四、网络整合营销包括哪些　　　　　　　　　　032

五、如何在各大搜索引擎都有排名　　　　　　　034

第三章
新闻源的排名与文章创作

一、排名最快最稳的新闻源　　　　　　　　　　036

二、常发布的新闻媒体收录分析　　　　　　　　037

三、霸屏猫新闻发布平台的操作流程解析　　　　039

四、如何创作原创文章与伪原创软文　　　　　　041

五、影响文章排名的5个因素　　　　　　　　　　043

六、一些好用的品牌标题模板，够你用一辈子了　045

七、有效挖掘长尾关键词的方法　　　　　　　　053

八、品牌软文的撰写　　　　　　　　　　　　　056

九、产品软文的撰写　　　　　　　　　　　　　057

十、个人IP布局与网络传播　　　　　　　　　　059

十一、如何写专访新闻稿　　　　　　　　　　　062

十二、写专访文章常用的120个提问模板　　　　　064

十三、专访案例
　　　王九山专访林炳生——永和豆浆的前世今生　069

第四章
品牌营销之图文类平台布局

一、品牌图文类传播　　　　　　　　　　　　　076

二、如何轻松创建百度百科　　　　　　　　　　076

三、如何创建百度文库　088
四、百度经验上传的注意事项　089
五、分类信息发布注意事项　092
六、论坛发帖的12则注意事项　093
七、论坛发帖步骤与平台选择　094
八、博客推广的优势和营销技巧　096

第五章
品牌营销之口碑问答类布局平台

一、酒香也怕巷子深，口碑营销帮助企业打造好口碑　099
二、口碑问答的一些参考问题　102
三、布局口碑问答的10个技巧　104
四、百度知道营销的38个知识点　105
五、贴吧营销的17个知识点　109
六、知乎问答营销的优势和技巧　110
七、其他问答平台概括与优势介绍　111

第六章
品牌营销之视频类布局

一、视频营销的优势　113
二、视频发布的渠道和排名技巧　114
三、视频上传发布失败以及视频不收录的原因　117

第七章
品牌营销之图片类布局

一、让有价值的图片有处安放　　　　　　　　　　119
二、百度图片收录的技巧方法　　　　　　　　　　120

第八章
品牌营销之自媒体类布局

一、常用到的自媒体平台　　　　　　　　　　　　122
二、运营百家号的10个知识点　　　　　　　　　　123

第九章
官网SEO

一、做SEO的注意事项　　　　　　　　　　　　　125
二、解析SEO不是免费的　　　　　　　　　　　　126

第十章
外包思维——一切可以外包

一、老板思维：借力不费力　　　　　　　　　　　128
二、图片设计的外包平台　　　　　　　　　　　　130
三、贴吧发帖的外包思维　　　　　　　　　　　　132
四、写文章的外包思维　　　　　　　　　　　　　133
五、用外包思维，实现品牌大提升　　　　　　　　134
六、睁大眼睛：如何选择专业的百度霸屏外包团队　134

第十一章
付费——快人一步的营销通道

一、百度推广　　　　　　　　　　　　　　　141
二、信息流推广　　　　　　　　　　　　　　143

第十二章
危机公关与舆情监控

一、一条负面信息大于1000条正面信息　　　　146
二、网络负面危机：常见的11种公关处理方式　　147
三、常遇删帖的8个场景操作示例　　　　　　　150
四、负面预警先知，如何做舆情监控　　　　　　156

第十三章
网络营销推广的常见问题

第十四章
SEO常用工具

第十五章
引流裂变延伸篇

一、利用微信群引流裂变，门槛最低，入手最快　　166
二、微信群裂变60000人实操解析　　　　　　　167
三、行业大会的线上线下结合　　　　　　　　　175

变现——"附加值"是成交的关键	177
年薪300万，谁愿意雇这种营销顾问	178
龚文祥：我心中的王九山百度霸屏团队	179
王九山致新徒弟的一封信	184
书友会欢迎您的到来	186
全网布局清单推荐表（方案一）	187
致谢	190

第一章 网络营销心法

一、网络的无限可能，你我都可以改变命运

我和大多数人一样，都来自同一个村——农村。

我在一个普通的农村家庭长大，小时候家境贫寒，曾因为买不起牛仔裤而被同学嘲笑，甚至连当时上学的钱都是家人东拼西凑来的。在我刚踏入社会时，舍不得在一碗板面里面加一个我爱吃的鸡蛋。那些现实的生活状态压得我喘不过气来。

我不想认命，我希望通过自己的努力改变自己的命运！

在畅游互联网这十几年间，我见证并亲历了不少草根逆袭的故事，而我也有幸搭乘了这辆网络快车。从一个吃不饱饭的毛孩子，成为别人口中的"圈内人"。互联网不仅造就了许多成功人士的创富传奇，也改变了我的命运。

早在11年前，我运用学习到的网络知识开始了我的互联网创业之旅，第一年就获得了1800万丰厚的回报，彻底改写了我的创业生涯。2010年开始带学员，屡屡见证百万千万的收入传奇，在我帮其他企业做百度霸屏网络布局服务期间，也服务过不少过亿，甚至百亿级别的超级品牌。一路走来，互联网让我有一种乘风破浪、风驰电掣般前所未有的快感！

互联网打破了传统思维，也改变了过去成功所需的几个重要条件。你不需要有强大的背景，也不一定要很高的学历，不一定要有很多本钱，哪怕没有很强大的社会资源和关系，甚至不需要在意自己的颜值。互联网成

就人的地方，就在于只要你足够勤奋，用对方法就可以实现从无到有，及至百万千万，甚至更多的财富传奇。

尽管互联网造就的传奇们，正在重新书写行业的难度和门槛，但网络创业其实也没有大家所说的那么神秘莫测。非常惋惜的是，我曾见过很多人在机遇面前选择拒绝，固执地认为这不现实，感觉离自己太遥远，于是打起了退堂鼓，与机遇擦肩而过。因此，在亲身感受过互联网可以让生活发生巨大变化的时候，我们最应该做的就是选择相信、选择参与！带着空杯心态去接受、满心欢喜地接受，然后带着期待去探寻。

我们先看一下互联网创业的12个特点：

1. 门槛低
2. 投入小，甚至可以白手起家
3. 试错成本极低
4. 信息差会带来财富商机
5. 互联网随时孕育新鲜事物
6. 一对多，多角度成交
7. 创业多元化
8. 一根网线、一台电脑做全球市场
9. 时间自由
10. 收入无上限，能者多劳
11. 资源共享、财富共赢、裂变速度快
12. 互联网有大量的免费资料和资源

从营销角度来看互联网，有一句话叫作"有人的地方，就有江湖；有人的地方，也就有商机。"看见人在动，意味着看见钱在动。基于中国庞大的人口数量，网民数量正在逐年增长，随之而来的便是互联网的发展红利。马云曾说过，未来将有30亿到40亿的年轻人通过手机进行全球买卖，这对每个创业者来说将是一个巨大的机遇。先不说放眼全球，单说中国市场，就足以给你一个巨大的创业空间。

5G时代的到来，更是带来了互联网井喷式的创业浪潮，每一次社会的变革，都会造就一批新的富翁。变革会带来一场大规模的财富再分配，对每一个创业者来说，都是一个很大的机会。机会是为有准备的人准备的，没有准备就没有机会。既有准备，又遇到了机会，你的成功也就成了必然。

互联网创业的方式有很多，比如移动互联网、电商、微商、网赚、网络培训、网络工具、网络营销等。不管从事什么行业，你都可以借用网络的力量为自己所做的事业加分赋能，让你之前的创业方式更轻松、让创业变得更简单、让你的梦想更快地得到实现。哪怕你一开始并不擅长网络布局，也可以通过不断学习和提高，让自己从初级选手蜕变为专业级别的高手，在市场上攻城拔寨，迅速积累财富。新型网络营销可以为你推波助澜。

网络营销相当于一个工具、一个杠杆的支点，四两拨千斤，借力不费力。鱼塘①在变，可商业的本质没变。即便你是一个网络新手，只要愿意开始，就为时不晚。找好自己的定位，然后发挥互联网优势，勇敢开启新征程，去发现新大陆，拼出一块自己的天地，给自己一个绝地反击的机会，实现自己的美好人生吧。

二、你的网络IP决定你的江山地位

我在我的另一本书《微商引流爆粉实战手册》里讲过，你是谁，你就会遇见谁！

在这里，我还要拿出来着重讲一下，因为这一点并不过时。在走上互

---

① 鱼塘是一个形象的比喻，比喻将潜在的顾客视作一条条鱼，散落在大大小小的鱼塘里，哪个鱼塘是企业需要的精准群体，就是我们的目标鱼塘。

联网发展这条道路之前,我们需要对自己先做一个定位,怎么才能顺利进入这个圈子?

或许通过以下几个问题,你能更好更快地找到自己的定位:

自己的IP定位到底有什么用?

如何包装打造自己的IP?

如何塑造自己的网络形象?

……

首先,我们通过下面一张图,开始延伸。

是的,我说的是延伸,并不是让你照搬这个风格。我们从IP定位开始慢慢延伸到整个网络营销的过程。

从上面的图片可以看出,那是我的微信朋友圈,为什么要从这说起呢?因为打造朋友圈真的很重要,尤其是这里要讲的朋友圈背景图。

众所周知，微信是大家最常用的沟通工具，很多做直播、自媒体、网络营销的大咖，最终都是把粉丝引流到自己的微信。我们要明白，引流的最终目的是更好地成交和变现。那么在成交和变现之前，我们必然要解决很重要的一个环节，就是信任背书。

这不仅仅只限于微商，你可以不是微商，但你要有微商思维。朋友圈是别人了解我们的窗口之一，一定要做好规划和展示。你设想一下，在你决定是否给对方转账之前，是不是都会下意识地点击对方的头像，进入朋友圈主页查看一下？然后以此来判断这个人是否专业、是否有实力、是否值得信任，等等。

假如别人翻看你的朋友圈之后，都不知道你是做什么行业的，也看不出你们公司的实力，那么怎么可能放心地给你打款呢？

如果朋友圈的背景图能给别人留下不错的印象，至少会减少对方担心被骗的顾虑，从而完成一个让付费的人自我确认的过程。特别是现在的网络时代，我们接触的大部分人都素未谋面，那么朋友圈就是别人了解我们的最佳方式，而朋友圈的背景墙又是最显眼、最直观的地方。所以，这个地方一定要利用起来！

站在营销的角度，朋友圈背景图的设置，有百分之九十五以上的人做得不合格，或者说还有需要优化的地方。我见很多朋友用的背景图都是小狗小猫或者花花草草的图片，平平无奇，也不能说不可以，只能说为了更好地成交客户，我们可以做得更好。毕竟大家都挺忙的，很多人没有耐心也没有时间，通过翻阅你的朋友圈来了解你的价值。大家都想在最短的时间内匹配上自己想要的资源，或者找到有价值的信息。

在现实生活中也是一样的，有能力的人往往更容易被认可、更受欢迎、更易于产生连接达成合作。虽然打造IP没有绝对的标准，但设置一个好的朋友圈背景图一定要把你的能量场提升上来。

划重点！你的朋友圈背景图，可以通过以下三个布局组合提升你的能量场：

1. 个人形象照
2. 有能量的标签
3. 有能量场的照片

1.个人形象照

这里说的个人形象照，不是普通的个人自拍照。首先你要认同，放自己的照片比不放会更有亲和力和信任度，至少能让对方知道你是一个真实存在的人，而不是让对方想象你的样子。同时，个人形象照也能更好地呈现自己，其杀伤力是普通自拍难以媲美的。

这里说的形象照往往是大家所说的艺术照，由专业的摄影机构用专业的高清设备拍摄而成，还配合适当的妆容，摆出各种专业的姿势，并通过后期修饰。这种照片可以让人的能量、气场瞬间提升上来。你只需要从几十甚至上百张照片中选出你最满意、能堪称完美的那一张就可以了。这种形象照除了用于朋友圈背景图外，还可以用于头像、课表海报、朋友圈发布等地方。

2.有能量的标签

有能量的标签指的是你的头衔和简单明了的介绍。切记，在设置的时候这个不需要设置太多，3—5个标签即可。这些标签往往还是有成交逻辑的，标签里需要说明你是做什么的，擅长的领域或者特长，你能给别人提供哪方面的帮助，你有什么资源，等等。这些标签需要根据你行业的属性去挖掘提炼。

那么哪些标签才算得上有能量呢？

有的人说了："我很普通，能不能给我几个标签的方向，让我能量场看上去更强大呢？"

其实，你可以围绕以下几个点：

比如：

（1）_____ 创始人

（2）_____ 行业创业导师

（3）_____ 行业专业教练

（4）_____ 商学院院长（讲师）

（5）_____ 董事长

（6）_____ 10年或者多年实战经验

（7）_____ 作者

（8）_____ 第一人

（9）_____ 行业专家

（10）_____ 资深操盘手

（11）其他你的超强标签

在现实中，你看看身边的人都喜欢和哪方面的人交朋友。有实力的、有钱的、有权的、有资源的、有智慧的、有才华的、真实厚道的……不是大家现实，而是现实就是这样，最起码它可以降低被骗的可能。可以设身处地地想一下，这就好比女孩子相亲谈恋爱也是愿意找综合条件更好的。大家都在追求更好的人或事物，这是普遍的社会现象。网络也不例外，品牌招商销售也不例外，微信好友的认知也不例外。所以说，我们必须努力让自己变得更好，或者让别人觉得你很厉害。华丽的外表或许能吸引别人愿意多了解你有趣的灵魂呢。

当然，设置这些标签不是让你去欺骗别人。

如果你的定位是一个创业导师，你必须学会一技之长，能真正教别人成长，给别人带来价值。当你能给别人带来价值时，别人自然会靠近你，甚至心甘情愿被你成交。哪怕你只是给别人提供一个课件呢。其实很多的品牌方和团队老大都扮演着创业导师的角色，他们教初级者如何卖货成交，教创业者如何在微信群里开课或者发朋友圈，等等。除了要定位好个人标签外，这里还建议大家通过在群里讲课的方式来锻炼自己，这对你接下来的成交动作能起到至关重要的作用。同时，通过导师的角色进行微信群裂变，也是一个非常好的吸粉引流的方式。

把自己定位为导师更容易吸引新手追随。当每个人都在夸自己的产品有多好时，新手创业者其实更愿意跟随有能力的老大，因为他认为跟着你不但可以赚钱，还能学习到更多的东西。通过贴标签的方式辅助提升个人的能量场，不管是资源整合还是变现，都是很大的加分项。

如果换成"_____商学院创始人"的标签，是不是又把你导师的身份推向另一个高度？有人问，我目前还没到哪个商学院创始人的级别怎么办？这里我再给大家分享一点。既然我们想要研究如何打造个人IP，那么就完全可以围绕着自己的名字来进行，比如你叫张三，你可以是张三商学院院长、张三团队创始人，等等。创始人的标签头衔会给人的感觉你很有地位，而且这些标签头衔能为你的能量场加分。

前面说了，贴标签要有成交逻辑，要能为自己的能量场加分。这里我给大家介绍一下我的标签逻辑，应该会让你印象更深刻。前面开场我放了一张我的朋友圈背景图给大家对照参考，其中就有以下几个标签，我们逐个分析，或许能给你不一样的启发。

（1）"微商课件军火库"创始人：这个标签想传达的意思是，我有5000多个有价值的课件资源。站在客户的角度来说，这个标签是完全利他的，我的课件可以当成附加值送给他们。节约大家的学习成本，以提供价值的角度利他，这是我的加分项。

（2）12年互联网布局实战经验：这个标签是为我推广百度霸屏网络布局合作做铺垫的，可以让大家明白我的专业百度霸屏团队是经过时间验证的，能让潜在客户知道我并不是新手，而是个互联网老兵，已经积累了不少帮助品牌成功布局全网络的实战经验。这个标签就很直观地展示了我的优势。

（3）《微商引流爆粉实战手册》作者：这个标签的加分处在于我能给别人留下专业且能精准引流的印象，而引流又刚好是很多品牌的刚需。你需要的，刚好是我擅长的。很多品牌选择与我合作的一个重要原因就是我在我擅长的领域可以帮助到他们，他们希望我能够给他们一些这方面的建议和规划。如何低成本引流，或者如何在引流裂变的路上少走弯路，是大部分品牌都需要了解的，和我合作后再请教我就方便多了。同时，我又是一位作者，这就是一个很好的信用或专业背书，能出版这方面书籍的人，都是在这个领域深耕很多年，可以给客户提供附加值的人。

（4）"龙卷风引流商学院"创始人：这个标签告诉大家我有线上线下的课程体系，专门研究引流裂变，可以辅助品牌的团队讲课、裂变等。

（5）10万社群"万群汇联盟"创始人：这个标签是大家选择和我合作的一个重要因素，意味着我特别擅长玩转社群，并且拥有强大的资源做后盾。于是，很多对社群玩法非常感兴趣的品牌就会主动找到我。

所以，当我们在建立连接之前，由于我的各种标签在无形中植入了很多我擅长的领域，能够快速形成别人对我附加值的认知和加深信任度，所以就形成了自动成交。大家都愿意为价值买单，希望可以少走弯路，毕竟每个花钱的人都希望自己的钱花出超值价。

讲这么多，就是想告诉大家，你的标签要有成交逻辑，要能够为自己加分，要能增加你的能量场。

3.有能量场的图片

前面讲的形象照和标签，相信很多人都可以轻松完成，那么有能量场的图片又包括哪些呢？你能不能挖出来呢？这些图片最主要的用途就是让自己的能量场更有力量。

比如：

（1）你拿话筒演讲的照片。这象征着你是具有一定影响力和感染力的人，就像前面讲的导师往往具备一定的能力和资源一样，这肯定能给你加分。

（2）接受颁奖的照片。这种照片也是非常好的加分项。拍照记录任何能体现你很专业、很厉害的场景。哪怕现场没人帮你拍，自拍都比不拍强。

（3）长条幅上有你名字的大合影（打造你的IP）。不管是你自己企业举办的活动还是别人公司举办的活动，做一条条幅的成本很低，这也是造势的一种方法。

（4）带团队旅游的大合影。这是一种能量场聚合的体现，能吸引代理。

（5）团队一起培训的线下聚会照片。这是一种能量释放的体现，可以间接告诉大家，我们是一个大家庭，有培训成长体系。大家在赚钱的同时，可以成长学习，并具备一定成交逻辑。可以使客户看到后对你增强信赖感。

（6）和明星、大咖合影的照片。比如我和娃哈哈创始人宗庆后老爷子的合影，和思埠吴召国以及圈内数一数二的大佬们签约的合影等，这些足够证明我们的霸屏技术是被认可的。同时，看到你的圈子的质量也能让别人放下了戒备心，快速建立起对你的信任感。

（7）其他能放大你个人魅力的图。这里大家比较常用的就是拿话筒讲话的舞台照片，这种也是最好找、最容易创造的。这类照片在排版的数量上也没有绝对的要求，一般可以设置6张、8张或12张照片，占据背景图下方三分之一左右的位置即可。你不一定要照搬我的背景墙设计样式，我在上边放出的图只是给你提供一个参考或启发，你可以根据你的实际需求进行对图片进行排版设计。

以上方法对大部分网络创业者是有用的，除非你已经是行业内外都知名的大咖，朋友圈怎么样都不影响。对还只是普通创业者的大部分人而言，一般都需要通过朋友圈、背景图、舞台风采能量照合影等，来塑造自己的个人品牌，让自己的IP看上去更有磁场，更有能量，最起码要让别人觉得你是真实存在的人，排除你是骗子的可能，让别人可以放心大胆地找你合作，在短时间内建立对你的信赖感，消除没必要的顾虑。

除了背景图，朋友圈也是一个能为你加分的重要场地。所以说，你的朋友圈一定要有血、有肉、有灵魂、有品、有趣、有才华、有专业。

这些应用不局限在你的朋友圈，在整个互联网上的布局，以及你的标签和能量场上,同样扮演着非常重要的角色。小到个人IP,大到公司品牌IP,甚至一个国家,对外都在彰显着自己的实力和优势,只有这样才能获得更多的资源合作,实现共赢。

如果你的营销场景或者成交场景不在微信上,同理。我们接触的客户大部分是陌生客户,如何让对方在第一时间或者最短的时间内了解你并相信你,又如何打消他的疑虑,对你产生好感甚至信赖?比如你的营销场景是在淘宝,那么淘宝店的IP需要你去打造。你要明白所有客户都是短暂性选择,一个人去淘宝上买东西不会花大量的时间挑选,主要就看哪家细节到位、看着更专业,能在最短的时间内征服他。如果你做网红短视频平台,你的个人封面和短视频也是你的能量场;如果你是做品牌、百度霸屏以及全网的口碑IP,那么在布局上也同样要下功夫。做全网布局,稳固自己的江山地位,对品牌进行一个全方位的网络包装,让你的品牌赚钱更值钱。

三、利他思维,做好人,做好事

我爷爷是个热心肠的人,小时候他常常教导我们,要做好人、做好事。现在回想起来,我爷爷还真是个有大智慧的人。其实,在生活中我们不难发现,但凡在事业上有所建树、收获颇丰的成功人士,无一例外地保有一颗利众、利他之心。只有我们的出发点是利众、利他的时候,才有可能得到众人的支持。俗话说,众人拾柴火焰高,有了众人的助力,能量才能源源不断地汇聚,实现目标自然也就水到渠成。

互联网的发展给很多人带来了财富,在互联网上确实有很多值得深挖的宝藏。比如当你想查什么资料时,首先会想到"百度一下",在这个时候你扮演的角色是索取者,而百度是付出者,百度在利他。就是因为百度的出发点是利他,所以才有后来的众人成就它。

互联网就是在这样彼此互惠、彼此共存的状态下逐渐发展壮大的。而借助互联网力量的人，是率先站在风口上赚到钱的人，他们书写了一个又一个创富神话。正因为互联网的出发点是为多数人解决问题并提供帮助，才有了大多数人的支持和肯定，赚钱是早晚的事情。

就好比大家爱找我学习精准引流和网络营销布局等知识，甚至心甘情愿给我付费学习，是因为他们读了我的书、听了我的免费公开课后，一方面觉得自己从中有所受益，充分相信和肯定了我的专业能力；另一方面因为我经常为粉丝学员答疑解惑，帮助他们实现客户裂变，因此对我表示肯定，也非常愿意和我交朋友。也许我一开始只是纯粹地想帮助别人，并没考虑过付出回报比。令人惊喜的是，正是这批我不曾计较回报而帮助过的人，成了最支持我的人，只要是我的课程，他们都会支持，只要有做百度霸屏和全网布局的需求，他们首先想到的人一定是我。

有一次，一个在校大学生在网上看完我的课件加我的微信，希望跟着我学习，但他说自己是个穷学生，没有收入，家里也比较困难，一心想赚点钱补贴家用，帮父母减轻压力，所以问我能不能免费教他。明白了他的想法和处境，我送了他一本我出版的书和一些课件，并且让他免费进入我的铁杆粉丝群学习，共享粉丝群里的资源。面对这样一个有理想的人，我没想过他能给我什么回报，只是觉得年轻人不容易，想尽己所能帮他一把。

就是我的举手之劳，他记在了心上，通过我的粉丝群，他结交了很多不错的朋友，也因此接连赚到不少生活费，后来他还给我介绍了不少付费学习的同学。有一次，他还给我介绍他身边的一个老板，经过进一步的沟通和交流，最终我们成功合作了百度霸屏全网布局的业务。总而言之，我并没有因为对这个穷学生提供无偿的帮助而有任何损失，还因此赚了不少钱。可以说，我们在互帮的同时，也相互成就了彼此。

这虽然只是我身边的一个例子，但也恰恰说明了不以利益衡量的付出，反而会得到更多。千万不要想着通过坑蒙拐骗、耍把戏等歪门邪道的方式让自己在短期内迅速获利。要知道，互联网上的商机和陷阱一样多。只有通过不断提高自身能力，去帮助更多的人，为他们创造价值，你才能与更多的机会不期而遇，甚至还会收获比金钱还宝贵的友谊。

回顾专注于互联网营销的这一段时期，我猛然发现，原来我一直将"帮助别人就是帮助自己"的人生信条贯穿始终。比如我为了能够解答更多粉丝学员的问题，会不断地收集他们的问题，然后通过课件的形式统一解答。只要是想跟我取经而加我微信好友的人，我都会无偿地把各种学习资料送给他们。此外，我还准备了很多免费的笔记，为的就是能帮到更多愿意学习的有缘人，尽可能帮助大家节约学习成本。

四、空杯心态学习，蹲下来是为了跳得更高

沉淀是为了更好的爆发，我在互联网行业历练的这10余年里不断告诉自己：用正确的心态成长和改变！刚入这个圈子的时候，我买了不少书，学了不少课件，交了不少学费，看了不少前辈们的教程……

时刻保持开放的心态能更好地吸收新鲜事物。你要相信，在面对各种难题时，总会找到非常不错的解决方法。只有当你相信方法一定存在时，你才更愿意继续深入探索。

在为多家品牌和学员服务的过程中，我发现了两类比较极端的人。

第一类是自卑型的人。他们极其不自信，总担心自己干这也不行，干那也不行，内心深处不相信自己可以在互联网上有所作为，会对自己产生各种怀疑：我这个人没什么文化；我的脑子比较笨；我没有经验；我没做过恐怕不行；我不知道怎么引流，怎么入门；我没有互联网基础，等等，还没开始就被自己打垮了。

第二类是自大型的人。他们觉得自己不需要学习，什么都懂，文案懂一些，引流也了解皮毛，发过帖子，有自己的网站，但就是没有一样是精通的，属于样样都懂点，可自己却没有获得很大的成功。他们看谁都觉得

是在忽悠他，表面上好像是他早已洞察一切，看透了万物的本质，实则他只是沉浸在自我感觉良好的错觉之中，不愿意接触新鲜事物，就更别提主动改变现状和创新了。

其实不难发现，生活中不乏比你优秀的人比你还努力，比你优秀的人比你更热爱学习，他们积极努力且浑身上下散发着满满的正能量。他们总是不断告诫自己，可以做得更好，要为了遇见更优秀的自己持续努力。

归根结底，人到最后竞争的是自己的综合实力，及为别人提供价值的本事和解决问题的能力。"万丈高楼平地起"，盖高楼之前当然要先打地基，人也是一样的，假如你不练好自己的基本功，不愿跳出自己的舒适圈，那么哪怕机遇真的来了，你也不可能抓住。假如你真的想通过学习让自己变得更优秀，你会发现，自己要提升的地方太多了。比如：

表达能力

公关能力

销售能力

说服能力

带团队需要的管理能力

做品牌需要的运营能力

演讲能力

引流能力

社群裂变能力

网络布局

外包思维

……

当然，自己只需要擅长其中的几项即可，剩下的有些可以找擅长这方面的搭档，有些可以和有这方面资源的团队合作联盟。

带着请教的心态问问题，问题就解决了一半。

关于问题，我有一个心得：同样一件事情，当你的问题问对了，答案就会"直接显现出来"。

找问题到底是带着浮躁情绪去找理由，还是带着正面情绪找方法？我们试着把问问题的方式改变一下，比如把"我不会使用支付宝"改成"我应该如何学会使用支付宝？"，把"我不会玩社群"改成"我怎么才能学会社群营销？"，或者，换个思考方式，直接进入找方法模式。比如把"我没有人脉"改成"我怎么样才能裂变更多的人脉？"。

当你尝试去寻找问题的解决方法时，方法就会有好多。哪怕只是简单地通过百度搜索，你都会收获很多解决问题的方法。当然，你还可以向身边的人请教，甚至可以找专业的老师付费学习。我最早学习百度SEO时，各种学习方法几乎都尝试了，再结合这十几年为很多品牌企业网络布局的经验，才能一路走到今天的"整合营销功底"。所以要学会问自己问题，而不要直接否定自己。比如把"我不会百度霸屏"改成"我怎样才能实现全网霸屏？"

不知道如何是好的状态只是暂时的。你需要抱着确信方法一定会有的信念在寻找的道路持之以恒地探索，慢慢你就会发现，方法不知不觉间就已呈现在你的面前。带着这种态度去学习，很多问题都会迎刃而解。当你解决问题的能力变强的时候，也意味着你能为别人提供的价值更多了。

切记，如果想要赚更多的钱，就要先让自己变得值钱，这也是为什么我们需要时刻、时刻成长的原因。

五、在互联网中修行

很多人担心在网上遇到骗子。但其实你走的每一步都是修行，都是在积累宝贵的经验，哪怕真的被骗，也是一种"成长"。

我不敢保证你的每一次诉求都会有回应，你花的每一分钱也不可能都有回报，甚至会花费许多冤枉钱。别看我是一名互联网老兵，最早也没少吃亏，但这些给我积累了不少的宝贵经验。以前，我被骗的时候很愤怒，现在想想，这些经历不算什么，并且感觉挺好的，欣然接受。试错的代价很低，带来的价值却不可估量。

也许，你也会有这种担心，特别是我们父母那一代人，对网络充满恐惧，觉得到处都是骗子。然而，我们要保持一种开放的心态，敢于尝试，敢于拥抱新鲜事物。其实我们试错的成本并不高，不妨大胆一点。可能在互联网中被骗几十、几百块钱后，你所得到的启发是远远大于失去的财富的价值的。况且，现在互联网的管控越来越严格，被骗的概率大大降低，甚至有的时候想单纯地找个骗子都很难。

我觉得，在互联网创业当中，开放的心态、提供价值的能力，以及利他行为，就是最好的修行基础。

六、为什么做百度霸屏比怎么做更重要

如果你想远超竞争对手，不妨好好考虑一下这个问题。

为什么做百度霸屏全网布局？

为什么做比怎么做更重要！

为什么做比怎么做更重要。如果你的品牌或者产品，在网上没有系统的布局，会让人觉得是小众品牌或产品，甚至会被质疑三无、传销、是骗局等。抗拒和质疑是人的本性，只有解除人们的抗拒和质疑的点，才能更好地成交，才会辅助招商和裂变。地基还没打牢，往上走是很难的。但如果别人搜索你的品牌，发现是个大品牌，至少品牌的关注度很高，口碑还不错，实力还可以，这样你的品牌也就成功了一半，你的创业会更简单。

关于为什么做百度霸屏，说得再直白一点，是因为你的竞争对手都在做。没有对比就没有伤害，因此你也需要增加你在行业里的地位，打造你的IP，打造你品牌的IP，让潜在客户短时间内了解到公司的实力、卖点、核心竞争力等。

我根据服务3000多家品牌的实战经验总结出了百度霸屏全网布局能给品牌带来的10大价值：

1. 打造品牌IP，让别人在最短的时间了解你是做什么的。
2. 有利于成交和招商，让别人快速相信你的专业。
3. 网络布局辅助裂变，让品牌走得更快更稳。
4. 引流，间接带来流量。
5. 打造品牌信任背书，解除质疑，建立好感。
6. 口碑宣发，带有成交逻辑的舆论引导。
7. 网络营销包装，让别人感觉公司的产品实力很强。
8. 正面宣发，让品牌更有竞争力。
9. 设置24小时解说的业务员，减少沟通成本。
10. 持续影响，一劳永逸，不需要每年都投入。

其实，经过系统布局的区别、利弊，远远不止这些。

如果在网上搜索你的品牌时，搜索结果中没有任何相关内容，甚至连公司名字都查不到，一定会直接影响客户做决定，选择不与你进行合作。比如，客户准备花几万块钱找你做代理，想将找你代理的部分作为自己企业中的一项重点。他在确认合作打款之前肯定会非常谨慎，不但会查看你朋友圈的信息，还会通过他能想到的方法对你和你的公司进行了解。假如他通过百度搜索你们公司的名称或者品牌名，结果找不到任何信息，他会放心加盟你的团队吗？还有的品牌在网络上倒是能搜索到相关信息，却多是负面内容。如果你不布局，就会被对你不友善的陌生网友随意评论，也有可能被体验不好的客户进行负面评价，甚至会被别有用心的同行占位倒流。被别人胡乱评论带来的负面内容，对于品牌的前途来说，是致命的伤害。

如果你不布局，你的代理也可能会在网上占位排名，发一些帖子或者网媒。但代理和加盟商发布的内容更多偏向个人的引流，并不像官方宣传那样中立地站在公司的高度宣发。代理宣发往往还有扩大宣传或者违反广告法的内容，这些很可能给公司带来麻烦。不但如此，从另一个角度讲，万一某天你找的代理辞职，去做别的品牌或者去为竞争对手服务了，那通过他曾经在网上布局的内容上留的联系方式依然能找到他。这些很可能会给公司带来客户流失以及品牌形象受损的结果。

以上提到的案例我们在现实中经常遇到。当然了，如果品牌方没做网络布局，对于代理和团队长来说，那就是一个绝佳的机会，谁做谁受益。

所以，站在品牌方的角度来说，打造品牌的网络布局刻不容缓。当你知道为什么要做并了解其重要性的时候，不管你是自己做，还是外包，一定要有一个深度的布局。

相信读到这里，再配合前文讲的能给品牌带来的10大价值，你就知道为什么有的品牌能发展得又快又稳。因为他们从一开始就想到了布局，知道重要战场在哪里。做得好的品牌都会花大价钱来养一个这样的团队，一年的维护费用达几百万元甚至上千万元。不过这些巨大投入所带来的回报往往也是让人叹服的。

不管是品牌还是个人，道理都是一样的，要注重增加自己的核心竞争力。万丈高楼平地起，第一步地基没有打好，后面也就不可能有最佳效果了。

七、网络中有很多免费的"宝藏"

网上寻宝，是我乐此不疲的一件事。网络上有付费的渠道，也有免费的渠道，如果花钱得当，即便前期付费，后期也可以多倍地赚回来。付费和免费都不是最重要的，重要的是要学会借力，要借用互联网思维为自己的事业推波助澜。

我通常在网上付费学习一些教程，买一些课件，报名一些课程，有几十元的，也有几百元的，付费节约了我很多时间和精力。除了付费，网上还有很多免费的宝藏，只要你有挖掘的动作，很多东西可以为你所用，成为你的工具。大部分人都知道有事问百度，"百度一下，你就知道"，除了百度，还有很多地方可以延伸搜索和挖掘，比如抖音搜索、淘宝搜索（需要付一定的费用）、今日头条搜索、知乎搜索、微博搜索、公众号搜索、网易云课堂、腾讯课堂……

查找资源的平台还有众人搜索网、猪猪盘、百度网盘、搜索神器、大力盘搜索、小白盘……

网络上有很多免费的宝藏，免费是一种策略，就像商场搞免费赠送活动时，瞬间会吸引一群人蜂拥而至，为商场带来人气。免费是诱饵，为的是达到某种营销目的。既然免费可以成为索取，那么也就可以成为付出，可以成为一种力量。

简而言之，想告诉大家，从网上获取有价值的内容，成本是很低的。另一方面，你也可以通过网络平台提供免费的价值，来获得更多人的关注，快速积攒人气、流量，集结能量，创造无限价值！

做以上这些总结，是为了激发读者的思考。在互联网界，不管你是新手还是老手，会用百度搜索就是高手！这对资深的网络高手来说都是轻车熟路，但对网络新手来说，无疑是一种新的启发。

八、懂布局比懂技术更重要

一个真正的高手首先应该学会布局，布局能力是判断一个人是将才还是帅才最本质的区别。

这一节的内容就是要告诉大家，尤其是告诉那些日理万机的品牌方或老板，你不需要对这本书中提到的每个操作流程都了如指掌，但一定要对大体框架有所了解，至少做到心中有概念。互联网思维对一个老板来说是非常重要的，此外还有一点也很重要，就是老板不要沉迷提升网站排名这类技术型问题，这不仅会耗费你大量的精力，最后做出来的结果可能还与你的目标相差甚远。你的时间很贵，或许你应该把时间的价值最大化，做更有价值的事情。这也是为什么大家一直强调"专业的事情交给专业的人"的原因，企业领导者自己集中精力抓运营和团队管理就可以了。

马云也并非技术人员出身，当初他既不懂电脑编程，也不懂网站代码，不可能再花三五年时间去学习如何成为专业的程序员，他的办法就是雇佣相关人才或者将相关工作外包给专业团队，自己掌握大方向，保证公司发展战略没有偏离目标管理。

我在很早之前也走了一段弯路，当时我沉迷在SEO排名的每一处细节，在这方面付出了常人难以想象的时间和精力。虽然现在想来也算是好事，因为我的团队就是靠这个技术生存的，技术是我们的核心竞争力，若不是当初的痴迷，现在很难有一个这样好的基础沉淀。

但对于品牌方的老大、创始人等老板角色的人来说，一般要考虑到学习这方面专业知识的精力占比，建议把控好战略研究和布局就足够了。如果你是互联网爱好者，有充分的时间学习，那另当别论。会搬砖的人，不一定要自己动手搬砖，大概就是这个意思。发帖的人不一定都是自己发帖；写稿子的人不一定自己天天写稿。并且很多时候，某一工作不是一两个人短时间内能完成的。

凡事不必亲力亲为，也不要过分消耗自己的能量，把思路研究透了，通过整合大量优质高手的资源来为你做好相关专业方面的服务。借力不费力，交代专人把细节落实，自己专注做好整体布局就行了。所以，懂布局比懂技术更重要。但是，如果你脑袋里一点也不懂，那也是没办法把东西交代好的，除非你遇到了懂你的千里马。

九、付费思维，四两拨千斤的奇操作

你认为花钱难还是赚钱难？

我刚进入互联网这个圈子的时候，初出茅庐，很多老板不认识我，但我想以更快的方式进入这个圈子，因为我知道圈子的重要性。于是，我通过付费给各位老板的方式向他们学习建立资源连接。不管是成为他们的支持者、联盟者，还是客户、学员，甚至股东，都验证了一点：付费是优质资源的连接器。通过付费，我快速拥有了高质量的人脉，为我以后的事业打下了坚实的基础。

我也和很多大老板交流过这方面的想法，总结后发现我们对此达成共识。我们一致认为：

付费是最快建立起好感的方式；
付费是让别人支持你的最好方式；
付费可以快速获得别人的经验；
付费可以快速获得别人的帮助；
付费可以获得更优质的服务；
付费可以共享别人的资源；
付费是为了赚钱做最好的铺垫；
付费可以节约探索的成本更快成功。

付费社群，是学习和连接两不误。其背后带来的价值，远比学习更为重要。各种相关的付费群，我都不会拒绝，不管是9.9元、99元，还是199元、999元的，甚至门槛高的社群1万元、2万元的社群……我都毫不犹豫地支持。

除了进入各种有价值的社群之外，买书可以说是性价比最高的投资了。不管是互联网方面的书、社群方面的书，还是微商方面的书，我前后买了不下几百本。但凡著作上留有作者的微信，我都挨个添加，成为他们的铁杆粉丝。这样一来，和大老板之间的连接就打通了。而且很多作者都会设立"书友群"或者学习群。之后你既可以通过各位大老板的朋友圈向他们学习，也可以通过他们的社群学到很多东西，结识很不错的朋友。

当了解到有好的付费社群时，我也会主动付费学习。

记得在刚入行的时候，我认识的人寥寥无几。为了在短时间内扩张我的人脉版图，我在群里喊"谁有付费社群，可以给我推荐几个"。就这样，有很多人加我的微信，也有很多人给我推荐。

这说明什么？说明没有人会拒绝别人的主动付费。

说到底，我们都是凡人，要食人间烟火。在通往诗和远方的路上，也需要盘缠。所以说，大家都不会拒绝一个愿意给自己付费的粉丝。

我从来不会抗拒被成交，甚至有些渴望。并且，在付费方面我往往愿意多给。比如，他的书是60元，我就付他199元，还有的人的社群，进入的门槛是999元，而我会给他1999元。这样一来，你就比一般人更能引起他的注意，对方自然而然也更容易记住你。毕竟选择额外付费成为铁杆粉丝的人并不多见，你可能还会因此得到不一样的反馈和服务，有的大佬甚至还会给你发圈，帮你连接更多的资源和合作。虽然有的社群你在加入之后，也许并没有时间学习，甚至其中的课程也不一定是你需要的。但是如果可以通过付费的方式，快速和一个导师级别的人成为朋友，那绝对是超值的。

正是因为通过各种付费学习，我很快便有了一批愿意服务我的人，通过一来二去的沟通交流，我们成了非常要好的朋友。我在付费群里也结交了不少志同道合的人，为我后面的事业发展起到关键的助推作用。

我也算是一名互联网老兵，再加上我对圈子有自己独特的见解，深谙支持别人就是在支持自己的道理。于是，我当初用行动支持的这批人，后来他们中的很多人成了我的第一批种子粉丝，给我带来了很大的收益。

记得我刚开始组建铁杆群的时候，短时间内就有很多人支持我，所以我曾花出去的钱很快也赚了回来。不仅如此，我与社群中结识的人产生深度连接的事也很常见。我与有一个叫"杨和营"的品牌方产生连接的事便让我印象非常深刻。

我和这个品牌方是如何连接起来的呢？因为我们加入了同一个社群，刚好我又被该群的群主推荐过，这个品牌方便通过这样的方式知道了我的存在。

在和这个品牌方成为微信好友以后，他知道我做的付费社群入群门槛是1980元，二话没说就把钱转给了我。我问他，"这么爽快啊？"我话还没讲完呢，他就说了一句让我至今难忘的话，他说："付钱的速度决定了赚钱的速度，给别人付费就是给自己铺路。"

有了第一次愉快的付费学习经验，很快他又找到我，希望了解一下关于网络影响方面的布局，让我把业务介绍以及合同发给他。没想到，在我发过去没几分钟后就收到了对方向我转账10万元的信息。几分钟的时间可能连合同条款都来不及细看，更别提走流程签字盖章了。

正是出于他对我的这种绝对的信任和支持，我暗下决心，一定要出色地做好相关的网络布局工作。于是，我和我的团队给他提供了很多超值的附加服务作为回报，让他把花出去的钱又成倍赚回来。同时，我也把身边的很多优质资源与他共享，彼此顺利进入合作共赢的理想状态。

这一系列的愉快合作，让我们从陌生人到挚友。而这都源于我对别人社群付费的支持，和他产生的连接。这让我更坚信，付费给别人，就是在帮助自己。

当时，我的铁杆群也是每天都有开课，有的时候是我讲，有的时候是我邀请行业的资深人员在我的群里分享。后来，我还邀请他到我的社群分享，一来可以认识更多的朋友，二是可以把他的成功经验和我们的铁杆粉丝分享。他的创业经历以及他的付费思维，让大家有很深的触动。

我后来才知道，通过我的付费思维赚到的钱与通过他的付费思维赚到的钱相比，都是小钱。他的付费观念也同样会得到很多贵人的相助，他曾分享他的付费思维让自己结交了更多优质人脉。并且，他的品牌也很快占有了很大市场，短时间让他本人实现了财务自由。我在给他做网络布局服务期间也了解到他的年收入极其高，算是大家羡慕的成功人士。

他在我的社群里分享课程时公开表示:"会花钱,就等于会赚钱。"他通过最省时省事的付费方式快速获得了:

第一,支持了我,和我成为朋友。

第二,通过我的介绍,连接到很多自己原先没有的资源。

第三,我给了他很多技术和战略的指导,避免了他自己摸索的过程,减少试错成本。

第四,我的团队帮他布局网络,助他的品牌以最快的速度在全网打出知名度。

第五,我的线下会议会邀请他来参与,助推了他的事业。

在付费思维方面,我和他产生了共鸣。当时我也因为付费进了很多高质量的社群,支持了很多的作者、自媒体资深人士、互联网圈的大老板、培训界的大红人,等等,积累了不少资源。由于我的资源和社交属性,我自然而然地就成了大家眼中的资深自媒体人。因为见过了太多的营销套路,我自己也总结了很多引流裂变的操作方法,于是带着大家一起做粉丝裂变,分享自己的心得,将手上的资源和大家共享,特别是在电商圈,我逐渐有了自己小小的影响力。

除此之外,我还通过我写的书和社群来变现。当时我通过我的社群"九山铁杆联盟粉丝群"就已经沉淀了一批忠实粉丝。这批粉丝中就有不少是我当时付费支持过的人,以及在群认识的群友们。当时我的入群门槛费是1999元,只接收品牌创始人和自媒体资深人士,不到一个月就收了200多名的会员,单是会费带来的营收就高达50多万元,还不算给我付10万元和20万元的年度合作的收入。

我粗略算了一下,这个群持续给我带来的收入已经突破了500万元。因为前期大量付费支持别人,我不仅认识了很多志同道合的朋友,还得到了高额回报。说实话,现在这种相互创造价值、合作共赢的局面,是我在大量付费学习之初没有料到的。

当时我只是觉得,我做的一切只要能支持别人,能拓宽我的社交圈就值了。今天看来,真的验证了那句支持别人就是支持自己。

总而言之，要想得到更好的发展，最好的方法就是先培养自己的付费思维，然后以付费的方式支持能带你认识圈子大人物的人，并由此开始积累更多的资源和人脉。当你整合资源的能力被大家所认可，能够为大家创造价值的时候，你的事业自然会得到大家的支持，从而更上一层楼。

回到最开始的问题，到底是花钱难还是赚钱难呢？很多高手也给了我答案——其实花钱更难。会花钱就是会赚钱。会花钱的人，花出去钱会以别的方式源源不断地回来，甚至还可能会翻倍增长。

结束语：

付费思维并不是简单粗暴地见什么投资什么。我所说的付费，是建立在快速扩展优质人脉上的一种投资，是花钱买别人的时间，由此获得一些能帮助自己快速实现目标的优质服务。你会发现，当你有了付费思维后，处处是商机、处处是机会！当然，在真假参半的互联网中，学会分辨其中的真假，避免陷入骗局也很重要。

记住，千万不要为了混圈子而混圈子。也希望我的读者们有一天不再需要通过混圈子的方式出人头地，而是凭借自己的专业和能力自成圈子！

第二章　百度霸屏与全网整合营销

一、搜索引擎不止百度、360、搜狗等

第一章主要讲了一些我的心得和感悟。接下来，开始讲关于网络排名以及周边可能遇到的相关情况，后面逐渐揭开百度霸屏全网布局的神秘面纱。当然，很多内容都不是一蹴而就的，我们循序渐进，先从大的方向讲，让更多人能轻松接受和了解相关信息内容。

我们在服务的过程中，共同关注了一个关键词——"百度霸屏"。很多时候，大家所理解的内容仅限于百度排名，然而，百度推广也只是其中一个很小的占比。百度是搜索引擎的一种，而搜索引擎除了百度，还有谷歌、360搜索、搜狗搜索、BING、必应等。

搜索引擎是一个搜索整理的平台，可以收录各种媒体资讯平台、论坛、贴吧、问答、分类信息，等等，其搜索引擎的大致原理就是收录一些权重高、质量优的内容，收录的算法都大同小异。我们团队服务的目的就是把品牌的内容布局，让搜索引擎收录。我们布局的内容不单是让品牌内容在百度上有排名，在360搜索、搜狗搜索等其他搜索引擎上同样要有。

我们的团队之所以叫"百度霸屏网络整合营销"，是为了方便大家理解，因为百度是大家常用的搜索引擎，并且它目前在国内的市场占有率最大，这个名字可以更好地打造我们业务细分领域的IP。如果起名为"网络营销"或者"全网布局"，虽然可以更精准地传达我们的服务内容，但是给人感觉过于直白，也很难在同行中凸显出来。但是一定要明白，我们百

度霸屏团队不仅仅只做百度这一个平台。

提到"霸屏",一般会让人感觉很厉害、很了不起。然而实现百度霸屏并不难,在有些情况下,我们可以在24小时内霸屏网络几十页、上百页,不仅仅霸屏首页。通过学习,你也可以变成一个网络高手。

> 排名很重要,布局的内容同样也很重要。布局内容的温度和高度以及成交逻辑是网络布局的核心视角,甚至决定着一个品牌的存亡。

二、什么是百度霸屏

九山认为,百度霸屏指利用百度搜索的规则,通过对一些拥有高权重的网站和平台进行布局,帮助用户提升自己的曝光率。当用户在百度进行相关关键词搜索时,会看到首页出现的搜索结果是关键词相关的内容,甚至会有几页、几十页的深度收录排名,这些往往是搜索个人或者品牌产品,以及某个长尾关键词。让搜索结果实现用户所希望的搜索引擎霸屏效果,也是品牌全网营销的一种手段。

百度霸屏也可以理解为搜索引擎霸屏。一般情况下,能在百度上霸屏的优质内容,也会在360搜索以及搜狗搜索有相应的排名展示。

百度霸屏的表现方式

通过一些高权重的网站平台,内容将得到多元化展示,包括且不限于百科、新闻、口碑问答、贴吧、论坛、视频、自媒体软文等。百度会以用户为中心，以用户想要的搜索结果形成智能排名展示，并且是以点击不计费的自然排名方式存在。

优质的内容布局能够多方位呈现品牌的优势、卖点、核心竞争力，等等。它具备一定的成交逻辑，能够使百度霸屏的价值发挥极致，在帮助用户解决搜索问题的同时，还能起到引导作用。通过搜索结果展示的优质内容对提升品牌形象、传递核心价值观具有重要的推动作用，这也就是我们常说的百度霸屏所产生的营销效应。

适合百度霸屏的群体

适合想要打造个人IP的个体，以及打造品牌全网形象的公司或产品。无论是网红、培训老师、自媒体人、操盘手、新品起盘、互联网创业者、新零售从业者、微商品牌、传统企业、电商品牌、新奇特产品、互联网公司等，均可以通过百度霸屏提升个人、企业、品牌的价值。

百度霸屏的作用

打造品牌IP、进行网络形象包装；引流和口碑布局能够提升品牌知名度、增加信任度，从而提高品牌曝光量，利于品牌背书打造。客户可以通过百度霸屏的成果展示对你进行全面快速的了解，而通过百度霸屏所展现出来的关于专业和实力的内容，则起到辅助成交和转化的作用。

百度霸屏的五个步骤

①整理要布局的核心关键词以及挖掘长尾关键词和标题；
②完成具有成交逻辑的高品质文章或问答文案的撰写；
③合理分布关键词，在高权重的优质平台和权威媒体进行发布；
④合理优化排名，根据发布情况适时调整优化，提升排名效果；
⑤外包思维，批量操作，在节省时间成本的同时让成果可控。

一个新的品牌词做到百度霸屏并不难，最重要的是要有整体的深度布局，要有深度，有宽度，更要有温度。

建议：百度霸屏的真谛在于优质内容的展示和传递，而不是自诩式的满屏广告。通过提供优质的资讯和服务为客户创造更大的价值才是百度霸屏的关键，在追求流量的同时更要注重品牌的社会责任感和使命感。

三、为了活下来，你才知道为何要做百度霸屏布局

不管是企业还是个人，都要打造自己的IP。再次强调一下，网络的布局，关系到一个品牌的存亡。

据了解，在微商社交电商领域，很多新品牌在起盘不久就消失灭亡。通过总结不难发现，大多是创始人不具备互联网基因所致，并且也没有相关的专业人才辅助，不知道怎么去布局。很多品牌创始人自己带团队很厉害，但就是不了解互联网形象包装。

很多品牌做了不少线下的活动，给团队培训、带团队旅游、做周年庆等，但很多相关素材都只是在朋友圈发一发，停留在"自说"的阶段，如果网络上没有系统专业的布局，做起来就比较吃力。从另一个方面来理解，酒香也怕巷子深，朋友圈是封闭式的，百度互联网是开放的，封闭的朋友圈只能自己的微信好友可以看见，百度可以让全国的网民都找得到你。

作为品牌，有以下三个必须要做的布局：

第一，征服消费者

第二，征服代理

第三，帮助代理征服消费者

在营销中获得信任的一个关键词叫"信任背书",还有一个关键词叫"势能"。其呈现出来的方式有三种:

第一,文章(包含新闻媒体平台)

第二,口碑问答(问答平台)

第三,视频

综合来说,全网的布局对一个品牌至关重要,是品牌腾飞的助推器。全布局的内容偏向于能辅助品牌解决的内容,包括且不限于:信任背书、正面宣传、品牌口碑布局、造势、实力展示、扩大品牌影响力、传播企业文化、节约沟通成本、增加宣传素材、解除潜在客户的抗拒点、辅助成交、辅助代理招商、打造创始人及品牌的IP、事件传播、增强核心竞争力与竞争对手竞争、引流与截流、信息引导、舆论引导,等等。如果是简单的布局,很多公司内部就可以搞定。但是考虑到要一直大量地输出文章,而且是有价值、有成交逻辑的原创文章,跳出产品思维用营销思维站在行业高度去布局,这就要考验一个团队的核心能力和执行力了。

很多品牌很有实力,但是不懂如何"秀肌肉",我们不需要夸大宣传,只需要让别人在最短的时间内相信你是专业的、有实力的,你的产品是有效的即可。可以用其他客户的反馈、你的个人魅力,以及你的产品的基本信息,在短时间内征服你的客户。将这些信息摆在明面上也能节约沟通成本,让人感觉你是看得见、摸得着、有温度、有实力、立体的。

别人搜索你的品牌,百度上会呈现三种结果:

(1)无内容

(2)正面内容

(3)负面内容

我们先研究解决从无到有的问题。所谓的从无到有,就是把正面的内容布局在网络上,正面的内容包含公司的实力、强项、产品的卖点、核心竞争力、客户的好评反馈。通过文字和图片及视频的形式将一切能做信任背书的内容都展现出来,并且有对应的合理排名。如果当别人搜索你的产品或者品牌的时候，发现网上什么也没有，肯定会质疑你的产品、你的项目，猜测你是不是骗子，你的公司是不是小公司，你的产品是不是三无产品，这些都会阻碍招商，增加成交成本。

通过网络搜索你的人往往都比较挑剔。但是能直接搜索你品牌的人，往往也是你的潜在客户，他们在利用网络搜索进行自我确认。

在别人对你的品牌没有建立认知的时候，你发朋友圈或者直接向别人介绍，可能会引起别人的注意，让别人产生兴趣。但他在同你成交之前也会产生顾虑。人天生抗拒被成交，比如女生在面对化妆品、减肥产品时，可能会考虑这个产品行不行、好不好，有没有副作用，口碑怎么样，是不是大公司生产的，等等问题。如果是创业项目，客户在决定给你几千元或者几万元做代理的时候，更会慎重考虑。首先他要说服自己，以"自己的选择是正确的"来打消自己的顾虑。同时，他也会担心代理完你的产品卖不出去怎么办，你的项目适不适合创业，产品口碑和反馈怎么样，有没有像你说的那么好的效果，市场前景怎么样，公司扶持力度怎么样，平台实力怎么样等问题。如果他有这一系列的顾虑，其实说明他对你的产品、项目感兴趣。如果通过了解，他发现你的产品还不错，网上口碑也还可以，各方面都比较满意，你们之间的成交就轻松很多。类似"女怕嫁错郎，男怕入错行"，如果这些问题你都能合理解决，会大大辅助你的成交率和招商裂变。

总之，客户除了听你口若悬河的解说，自己也会通过第三方来了解和判断。所以我们在完善自身的前提下，也要解决好第三方所传递的信息。

那么面对客户的质疑，你怎么解决？
这里就需要讲一下销售的三重境界：

（1）自说
（2）他说
（3）传说

自说，就是自己说，当然有自卖自夸的嫌疑。发朋友圈宣传、运营自己的公众号、创建自己的官网等，这些都算自说。

他说，就是从别人口中说。比如客户的见证、媒体的力量、新闻等。

传说，往往是依靠良好的口碑口口相传，或者通过第三方网络特殊的力量。

具体的细节会在后面的章节着重介绍，包括教你如何写文章，如何写问答，如何布局视频，如何造势，如何发布新闻平台，如何做排名，如何做素材，如何做有成交逻辑的布局，如何做口碑，如何处理负面，如何正确引导舆论，等等。

四、网络整合营销包括哪些

网络整合营销涉及的内容比较多，这里拿出一些我们服务过的品牌客户，以及推广个人的经验来进行总结。

我们能呈现给客户的方式主要是三大类：图文类、口碑问答类、视频类。

图文类主要用于各类文章，如新闻稿、专访、采访、软文、销售信、媒体报道等。

口碑问答类主要是运用文字，在问答平台一问一答或者一问多答。

视频类一般包括产品介绍的视频、公司宣传片、创始人演讲颁奖视频、团队旅游培训视频，等等。通常是公司愿意拿出来给客户看的内容。

那么，综合分析来看，一个品牌要想进行整体网络布局，在以下平台发布内容属必不可少的环节：

（1）新闻媒体平台

（2）口碑问答平台

（3）贴吧

（4）论坛

（5）分类信息平台

（6）视频平台

（7）百科、官网、自媒体平台

整体运用以上平台就可以把公司的文章、图片、问答、视频，多方位地展示出来，让我们的品牌信息，有血有肉、有灵魂地展示出来。

用正面内容打造品牌形象，把公司该有的内容完美地呈现在客户面前，大大节约沟通成本，让客户瞬间看出我们公司的实力、优势、卖点、核心竞争力等，从而辅助成交和招商。

整合布局，关键在于细节。最主要的是要用排名比较好的平台多方位、多角度地展示给潜在客户。

问答类平台：百度知道、百度贴吧、知乎、360问答、搜狗问问、新浪爱问、天涯问答、百姓问答、太平洋问答等。

新闻类平台：新浪新闻、网易新闻、腾讯新闻、新华网、中华网、凤凰网、央广网、和讯网、中国网、人民日报等。

自媒体平台：百家号、搜狐号、新浪号、凤凰号、趣头条、今日头条、知乎专栏、腾讯企鹅号、简书、豆瓣、小红书等。

排名较好的视频平台：腾讯视频、爱奇艺视频、优酷视频、好看视频、B站、搜狐视频等。

常用的分类信息平台：58同城、赶集网、百姓网、列表网、搜了网、查查吧、城市吧、列举网等。

常用的论坛贴吧平台：百度贴吧、天涯论坛、猫扑论坛、西祠胡同、宝宝树论坛等。

五、如何在各大搜索引擎都有排名

要想在各大搜索引擎有排名，除了发布网站的权重，文章内容质量也为考核之一。当然其中也有关键词的布局技巧。

影响收录排名的12个原因：

（1）平台权重

（2）标题

（3）标签

（4）关键词密度

（5）关键词布局

（6）原创占比

（7）发布时间

（8）点赞互动率

（9）完读率

（10）页面平均停留时间

（11）网民体验感

（12）点击率

以上影响原因看上去比较难达到，但对于有基础经验的人来说，并不困难。各大搜索引擎的收录标准大同小异，我们只要选对核心媒体平台，掌握一些基础技巧，不断输出有价值的内容就可以了。一般情况下，只要大量发布有质量的原创文章就会有大量的排名。

第三章　新闻源的排名与文章创作

一、排名最快最稳的新闻源

目前我们操作的排名最快、最稳，同时也是品牌最需要的，当属新闻源。

新闻源的特点：

（1）权威展示

（2）公信力

（3）权重高

（4）搜索引擎收录块

（5）排名靠前

（6）传播快

（7）提升品牌形象

（8）提高转化率，辅助招商成交。

比如，我们现在有一篇新闻事件需要传播，不管是关于公司庆典还是新品发布会，如何让这个事件快速地在网上有排名，并让客户能搜到？我们可以用不同的标题在多个媒体平台同时投稿。如果你发布的内容符合新闻媒体收稿的标准，就会在几个小时甚至几分钟内看见收录排名。

新闻营销是网络营销中不可忽视的一种新型营销方式，其最大优点是传播速度快并具有一定的公信力。品牌在战略布局中结合好新闻营销，可以让品牌飞速增长。根据我们服务过的品牌经验来看，品牌与新闻结合营销的常见方式有：新品上市、新闻事件营销、企业文化、领导专访采访、品牌宣传、战略发布、活动宣传稿件、企业活动、行业展会、重要会议、公益活动、危机公关、企业声明、应对策略、事件报道、舆论引导、产品宣传稿件、产品测评、产品宣传、产品介绍、制造热点、名人效应、造势营销、热点借势，等等。

恰到好处的新闻借力营销，可以达到从二次传播到多次传播的效果。连续放大影响力，四两拨千斤，从而节约传播成本和沟通成本，提高公众对企业产品或服务的认知度，塑造良好的品牌形象，并提高销售转化率。

二、常发布的新闻媒体收录分析

常见的新闻媒体有两种形式：第一种是权威的新闻平台；第二种是知名的自媒体平台。

人们公认的新闻平台有腾讯新闻、新浪新闻、凤凰新闻、搜狐新闻、澎湃新闻、人民网、新华网……还有一些报纸杂志。

常见的自媒体平台有百家号、今日头条、搜狐号、简书、大鱼号、企鹅号、北京时间、凤凰号、人民号、创头条、知乎号、新浪号、网易号、一点资讯、UC头条、小红书、豆瓣，等等。

除了上面提到的这些大家日常可以接触到的自媒体平台外，这里再给大家分享一个关键词——新闻源。

新闻源和普通的新闻不太一样，它相对更权威。普通的新闻软文只能在百度网页搜索到，不能在新闻源里有排名，且收录不稳定。而新闻源的平台一般都是中立、公正的，排名靠前，权重高，收录更快，但是不会让你发硬广告。一般符合标准的新闻源还可以佐证到百度百科上做参考链接，其与普通的自媒体有着明显的区别。

相对网页搜索而言，新闻源指由专门新闻频道收录网页中新闻的搜索引擎。虽然百度新闻源数据库已取消，但是百度新闻搜索制定的引擎新闻源收录标准——《互联网新闻开放协议》，对于百度新闻的收录依然有效。百度新闻收录内容的来源平台类型包括正式出版的报纸和杂志、广播、电视台网络版；政府及组织机构的官方网站；拥有高质量的原创资讯内容，在其目标领域内具有一定的用户认知度和一定规模的忠实阅读群的门户、地方信息港、行业新闻资讯网站。

你需要选择合适的媒体网站投放符合标准的新闻稿。根据编辑百度百科的经验，以及新闻源收录的经验，发布同样的一篇文章将得到不同的传播价值。下面将综合罗列一些新闻媒体平台，供大家参考选择，这些都是我们团队实战经验总结出来的。

新闻源（含佐证百科的媒体平台）：

中国新闻网、搜狐网新闻（官方）、海外网、ZAKER新闻、珠海新闻网、中国名家新闻网、中国网科学、金融界、网易新闻（官方）、中国网地方首发、凤凰网新闻、中原新闻网、凤凰网商业、中国经济网城市、新华网、中国企业报道、信阳日报、企业时报、中国体坛网、中华网投资、新浪网、温州财经网、糖酒快讯、东北网财经、中国发展网、上海热线、华声在线新闻、大众新闻网、中国文化人物网、新华报业网、站长之家、千龙网、中国经济新闻网、澎湃新闻网、千龙网中国、中国日报网财经、A5站长网、环球网城市、新浪网财经客户端、中国青年网百家号、央视网新闻、信息时报、和讯新闻、中经网、中国江苏网、中国山东网财经、腾讯科技、中国日报网、人民政协网、每日经济网、界面新闻、光明日报、北京日报、陕西日报、南方周末，等等。

有人可能会有疑问，"我不认识这些新闻记者怎么办？"没关系，你不需要有强大的媒体关系，这些新闻媒体有专业的发布平台，你只需在平台注册之后进行投稿，发布成功才会收费，发布不成功是不收费的。

三、霸屏猫新闻发布平台的操作流程解析

如何发布新闻,是很多创业者想知道的一个问题,前面的章节也讲到了新闻营销对品牌的重要性,下面就把新闻发布的操作流程给大家解析一下。

如何使用霸屏猫一站式新闻软文自助发稿平台批量发布新闻稿软文?

①用电脑打开霸屏猫官网"www.bapingmao.net";

②登录后台(没有注册的可以免费注册);

③选择平台上传准备好的新闻稿直接发布;

④发布成功,等待平台审核。

注册霸屏猫发稿平台账号并登录。

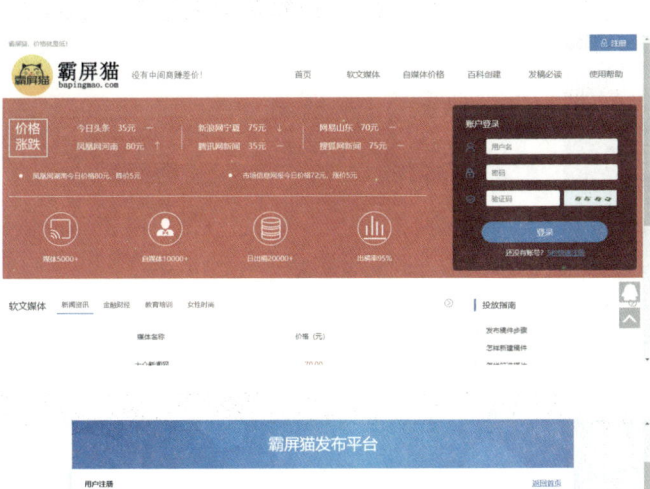

登录后，首先选择需要发布的媒体类型。选择媒体价格即表示要在新闻媒体平台上发布文章，选择自媒体则表示要在自媒体平台上发布文章。然后在左侧栏目中选中"文章发布"按钮，上传文章（Word文档），并重新校对排版。

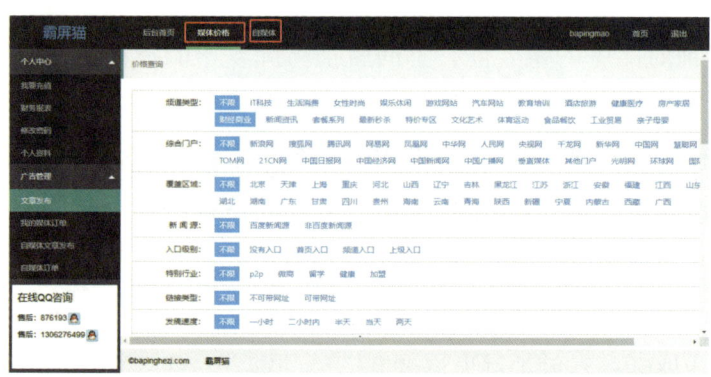

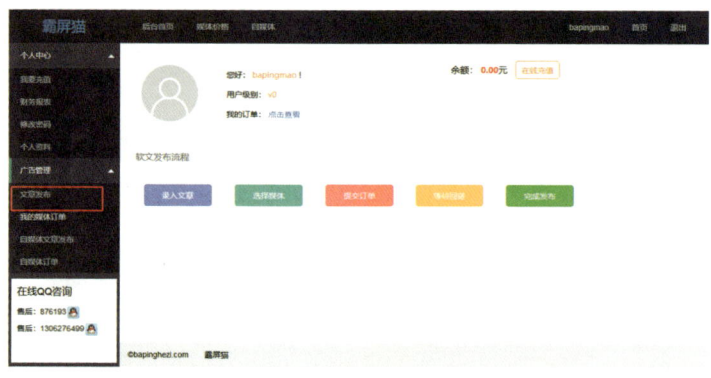

文章校对排版完成之后，点击"下一步"按钮进入选择媒体平台界面，选择想要发布的媒体平台。

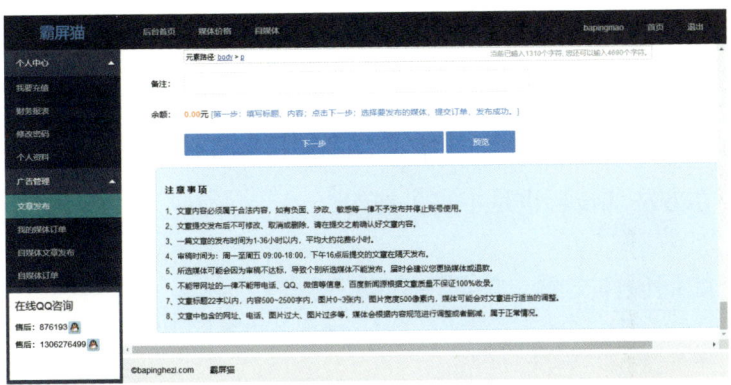

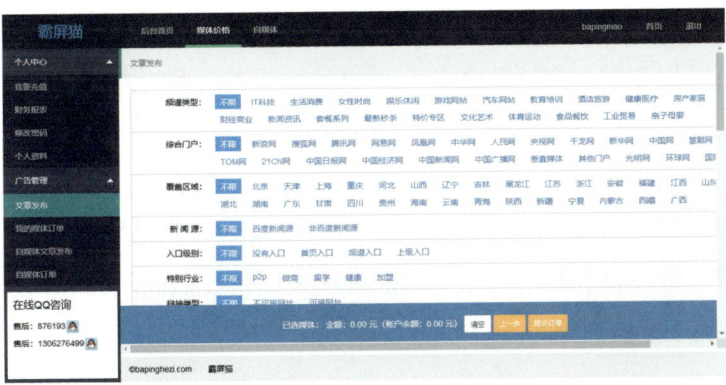

选择完媒体之后，点击提交订单，如可用余额足够支付发布媒体的价格，则发布完成，之后只需要等待发布媒体平台返回发布链接即可。

四、如何创作原创文章与伪原创软文

在网络布局中，占比非常大也非常重要的一项就是创作文章。然而搜索引擎最喜欢的是原创文章，一篇好的原创文章，不但有利于搜索引擎收录,而且能够向客户展示产品的相关信息,进而提高精准客户的成交率,达到想要的营销效果。

那么文章该怎么创作?又如何创作原创文章呢?

文章是一个容易理解的概念,它可以是关于你产品的介绍,也可以是用来营销的文案,又或者是关于企业创始人的个人简介。文章的用途不同,其写作方法和技巧也是丰富多样的。

关于如何创作文章,需要注意以下3点：

1.你的文章是写给谁看的

在创作文章领域,文章营销这个主题非常引人注意。在创作文章之前,你首先要明白读者的需求是不一样的,我们需要为不同的读者撰写不同的内容,所以你要明白你这篇文章针对的目标读者是哪些人。

我一般把目标读者分为三种,分别是客户、潜在客户和读者。每种的背后含义都有所不同,"客户"意味着我们之间的交易性质;"潜在客户"则时刻提醒我们,迄今为止还没有说服他们成为我们的最终客户;而所谓的"读者"就是我们在通过写文章的形式来销售我们的产品或者是服务。

2.如何借鉴别人的标题

我们要如何牵着读者的情绪走?你在写文章之前要经常问自己一句话,"为什么读者愿意读这篇文章?",这是创作文章的核心,你必须给他们一个开始阅读的理由。标题就是一个很好的开始。借鉴别人的火爆标题,可以让我们事半功倍。

借鉴别人标题的流程:

第一步,在网上找一些阅读量很高的文章,把它们的标题复制下来。收集出1000个火爆的标题后,将它们整理在一个文档里,之后最好打印出来贴在自己办公室的墙上。

第二步,替换关键词,把别人火爆标题的关键词优化后换成你的。

第三步,根据自己创作的文章主题,匹配与之主题一致的标题。切记不要做标题党,要结合实际内容而选定标题。

3.硬广告和软文的区别

现在一切的营销都离不开广告,广告是为了更好地把商家和消费者连接起来。之前我们经常说"酒香不怕巷子深",但是在互联网迅速发展的今天,这句话已经行不通了。所以,为了提高我们产品的销售,广告还是非常重要的。

硬广告是直接介绍我们产品的一种广告。这种广告一般通过电梯、电视、报刊、地铁等进行传播,是人们最熟知也最常见的一种广告形式。虽然消费者在看电视的时候非常排斥这种广告的植入,但是这种硬广告既然存在,就有它存在的意义。这类广告由于不停地在电视上循环播放,所以在观众心里多多少少都会留下印象。当消费者去商场消费看到这个广告品牌时,就有可能下意识地选择购买。

软文虽然不像硬广告那么直白,但是它可以诱导读者继续看下去,从而引导他们消费。

软文最大的一个优点就是成本低、范围大。你只需将撰写好的软文以图文或视频、音频等形式在网络上发布出去,便可得到全方位的传播。

学会写软文,你将不缺客户。

五、影响文章排名的5个因素

影响文章排名的因素有很多,除了平台的权重之外,在创作文章的时候,要考虑以下因素:

1.标题关键词

我们在创作一篇文章时,需要在标题中融入我们想要排名的关键词。标题中的关键词是影响我们文章排名的重要因素。

2.词频和密度

词频代表的是关键词出现了多少次。密度则是关键词出现的次数除以页面可见文字的总词的结果。曾经，2%～8%是一个可供参考的范围，但随着搜索引擎算法的更新，搜索引擎越来越重视用户的体验，更多的SEO人开始把关键词密度范围作为一个伪概念。

我们可以观察到很多排名在前页面，其中既有密度低到1%或2%的页面，也有高到20%的页面。因此，我们在创作文章时只要避免堆砌关键词或者缺少关键词的情况，在写作时自然合理地将关键词融入正文，让用户能有一个良好的阅读体验体验，我们的文章就已经合格了。

3.关键词分布

在正文的前100个词中出现的关键词，一般有比较高的权重。因此我们通常建议在第一段文字中就出现你这篇文章的关键词。这本身也是正常写作的方式。以前我们在写议论文的时候，开头首先需要说明论点，而论点也就算是我们这里提到的关键词。在后文议论的部分再出现两三次关键词，结尾再用关键词点题，一篇文章就算可以了。

4.突出显示

关键词的突出显示，比如加粗、斜体、下划线、锚文字等，除了能使阅读更有层次感、提升用户体验以外，还利于关键词的排名。

5.用户体验

软文营销的最终目的是营销品牌的产品或者服务。想要达成这个目的，就必须提升用户的体验。

我们在写作时除了要提供高质量的原创内容之外，也要考虑让文章能吸引人阅读、突出产品卖点、增强读者的信任感、引导读者产生进一步行为等，另外，在排版布局方面也要考虑用户体验。

包括：

（1）排版合理、清晰、美观，字体、背景易于阅读。

（2）不要强行堆砌关键词，做到关键词自然融入，不影响用户阅读体验。

（3）第一段就要有实质的内容，而不是需要下拉或者跳转才能看到重点内容。

（4）如果图片、视频有利于用户理解页面的内容，那就尽量使用图片和视频等。

（5）禁止发布违规内容、欺骗诱导用户等容易让用户产生不好的用户体验的行为。

六、一些好用的品牌标题模板，够你用一辈子了

一个好的标题可以快速锁定读者，让人产生阅读的兴趣，这样你创作的宣传稿才有意义。

一篇文章是否能吸引读者阅读，就在于是否有一个好的标题，只有标题有痛点，才能让读者忍不住想点开看看。好的标题是成功的一半，不管是博客论文、新闻媒体的报道，还是软文品牌宣发，标题是作者常常遇到的第一个写作难题。我们根据多年服务品牌的经验，针对多数品牌方产品布局或打造品牌IP时的需求，总结了一些常见常用的标题，供大家模仿并予以启发。

我所主张的标题，要有6个原则：

1.标题当中要有品牌名字，方便搜索引擎收录。
2.有品、有料，要写客户愿意看的。
3.要通顺。

4.一般不要超过35个字（部分可以42个字）。
5.综合用户角度和搜索引擎收录角度来完善。
6.易于品牌方在朋友圈传播或辅助成交。

我们的标题，首先要遵循第一条原则——和品牌名字相关，先把品牌名字"霸屏"掉，打造品牌的IP。根据我们多年服务品牌的经验，总结出以下通用标题，只需套上你的品牌名即可使用，再也不用愁品牌标题了。

1.新品类型

官方明确了！_____ 要发布新品 _____

等了一年，_____ 终于官宣！

终于，_____ 新品上市发布

15年的等待，_____ 新品问世

_____ 2021新品璀璨上市

_____ 新品上线，_____ 团队助力品牌全网宣发！

2.总结类的（推崇）

攻略来了，一文读懂 _____

2021年，_____ 的4大风口与6大优势

_____ 为什么这么火？

为什么选择 _____ 的10大原因

不得不用 _____ 的10大理由

加盟 _____ 的15大理由

_____ 的适用人群

_____：新人必读，三分钟带你了解 _____

_____ 赚钱模式详解：新手必读！

3.普及用途和方法或注意事项

99%的人都不知道_____的用途有哪些？

_____的正确的使用方法注意事项

_____的优势特点

_____怎么用？

吃_____注意事项有哪些？

××××适合什么年龄

从0开始开_____店，一步一步教你开_____店!2021年赚足一套房首付款！

开_____店怎么开：手把手开_____店简单步骤流程五步走(图文教程)

从模式、供应链到普惠性赋能，深度解读_____社交零售

_____是什么？怎么加入会员？

4.产品背景、资质、背书、文化故事

_____的产品背景！

_____品牌将于5月25日发布全新LOGO

_____的故事

5.招募代理和加盟

_____代理政策大揭秘

手把手教你如何用_____赚钱（吸引加盟代理，扶持计划）

原来，代理_____只需要3步！

_____怎么赚钱 没人脉怎么玩_____

加入_____，创造不凡

_____：用5天时间，赚足8000元

加入_____，唤醒你"沉睡的资本"

加入 _____ 让"千里马"不再犁地

盘点 _____ 的加盟优势，学到了！

代理 _____ ，你必须知道这几点！

6.标题党加宣传型

你有奇操作，我有深套路，论 _____ 如何深得人心

_____ 的"九大陷阱？看完你还代理吗？

千万别买 _____ ！因为真的太好用了

_____ 了解清楚再做！揭秘 _____ 不为人知的秘密！

万万没想到，_____ 还有这种神功能

爆！_____ 你不知道的秘密！有图有真相

震惊！_____ 品牌用多了会产生副作用！

《都是 _____ 惹的祸》

不看脸的时代已经过去，_____ 的美白时代来临

10种人，适合 _____ 产品，有一种人不要用！

_____ ：原来这才是你的真实面目！

你不知道的 _____ 惊天秘密，_____ 真爆了

7.质疑风格

_____ 值那么多钱吗？

_____ 的真实和谎言！

_____ 的优点和缺点有什么？

_____ 可以减肥吗？

_____ 美白护肤效果怎么样？

让美更简单？_____ 的"精髓"到底在哪？

_____ 超火的（产品），到底厉害在哪里？

_____ 为何能够持续领先？

8.恐吓类型

_____：选择 _____ 产品需谨慎！

如果你不想让自己越来越丑，那就跟我一起用 _____ 吧

9.公司产品，直奔主题且文艺范

这才是打开 _____ 的最正确姿势！（使用方法或者技巧普及类的）

问世间 _____ 为何物（讲清楚一个产品）

_____ 的诗和远方（讲文化价值观以及未来）

只想拥有你，_____

大道至简，_____ 在路上

盘点 _____ 的10件大事（亮点、实力、背书）

如何正确使用 _____，99%的人都不知道！

_____ 新品上市，瞬间刷爆了朋友圈！

其实，你比想象中更需要 _____

_____ 是怎样炼成的（可以讲生产过程、包装等）

20多岁就开始变老了，用了 _____，她的眼泪掉了下来！

所爱隔山海，山海不可平。没有 _____ 怎能行？

何以解忧，唯有 _____（先说痛点，再引导解决方案和亮点）

_____ 的三驾马车！

今天，从 _____ 开始！

危机四伏，_____ 来了

确认过眼神，_____ 是你要找的人！

给我100个理由，和 _____ 说再见！

无 _____，不青春，颠覆 _____ 来袭

走进 _____ 的故事

有一个秘密，就在 _____！

3秒钟，我爱上了 _____

我的恋爱和 _____ 有关

100个减肥方法不如一款 _____

7步认识 _____ ！

_____ 给你分享价值1万美元的 _____ 方法

_____ 让你变成性感女神

春风十里，还好有你：_____

那年青春，正好遇见 _____ ！

致敬青春，我有 _____ ！

其实，你比想象中更需要 _____ ！

相见恨晚，与 _____ 的不期而遇

想减肥？先来认识一下 _____ ！

不是你瘦不了，而是你没和 _____ 偶遇

和卖 _____ 的小女孩谈恋爱是一种什么样的体验？

视界，走近 _____

_____ 以匠心精神打造国货之光

如果只能买一款 _____ ，我只钟情你 _____

_____ 热销的背后

_____ 与 _____ 达成战略合作！

10.价格、销售类型、福利

地摊价，_____ 却有着一线品牌的品质。

史无前例，_____ 突然有这种福利。

_____ ，你值那么多钱吗？

购买 _____ 全攻略！

疯了，_____ ，竟然卖这么便宜！

获得 _____ 最优惠价的秘密

_____ 最新进货价格被公开

买它，买它，买它，_____ 真的来了

别再花冤枉钱了，_____ 进货价才 _____ 元（也可以引导做代理）

_____ 这么贵，为啥还是会有那么多人抢着买？

11.自述风格

_____ 怎么样，_____ 好用吗？（体验测评）

两天时间，_____ 给了我一张自信的脸

用完 _____ ，终于知道为何闺蜜总喜欢用它！

自从用了 _____ ，再也不担心没有男朋友。

我眼中的 _____ （也可以是点评类的）

那一次，我彻底爱上了 _____

_____ 让我欢喜让我忧

与 _____ 同行，_____ 伴我成长。（可以自述口吻赞美公司的培训体系）

_____ 太好用了，简直不敢相信自己的眼睛！

我选择 _____ 的十大理由

我的 _____ 路

_____ 效果亲身体验，我当时都方了。

亲身经历 _____ 使用后，告诉你们 _____ 千万不要乱用！

_____ 是什么？合法吗？亲身经历告诉你 _____ 平台怎么做？

简单的1个视频和6句话告诉你为什么要做

12.点评类的

如何评价 _____ ？

_____ 奇操作，包装设计曝光。

_____ 全新包装曝光：你肯定猜不到！

出道即巅峰？_____ 的评价亮了

13.回顾历史大事件

_____ 的三年里发生了什么?

_____ 的过去和现在!

14.展望未来

关于 _____ 的15大预测

关于 _____ 未来的40个预测

15.记者、新闻报道风格

记者观察：_____ 减肥项目风生水起

记者现场揭秘 _____ 品牌为何人气火爆

封面人物 _____ 的 _____ 之路

_____ 突然发布重大消息

专题报道 _____ 周年庆典，不忘初心，为爱前行

强强联合！_____ 携手 _____ 达成战略合作

权威解读：_____ 跟其他减肥产品究竟有何不同？

重磅报道：_____ 服务体系再升级

头条：_____ 与 _____ 成媒体宣发合作

最新资讯：_____ 周年庆活动定于12月1日在广州盛大开幕！

公益：_____ 以公益传递温暖与爱

专访 _____ ，成立 _____ 的初心

独家专访 _____ 对话 _____ ：讲述"_____"的前世今生

16.减肥类

揭秘 _____ 是如何通过三个月瘦身30斤！

_____ 招募代理进行时

_____ 瘦瘦包的减肥原理和使用方式

_____：科学健康定义减脂新方向

揭秘_____减脂的三大原理

七、有效挖掘长尾关键词的方法

挖掘长尾关键词，是网络营销人员必备的技能。以下内容普及相关知识，是为了让大家在互联网布局和网络优化的时候了解一些基础概念，不管是网站SEO还是自媒体网站软文的布局都会用到这一方法。

（一）什么是长尾关键词？

长尾关键词是指网站上的非目标关键词，但也与目标关键词相关，也可以带来搜索流量的组合型关键词。

长尾关键词的基本特性是可延伸性、选择性强、范围广，往往由2—3个词组成，或者是短语。除了存在于内容页的标题外，还存于内容中。长尾关键词的特点是竞争度低，更易于操作排名。

长尾关键词的搜索量一般非常少，但是它所带来的客户极其精准，转化概率比目标关键词高很多，因为其目的性更强。

在存在大量长尾关键词的大中型网站中，其带来的总流量非常大。例如，目标关键词是"减肥"，其长尾关键词可以是"什么减肥产品效果好""减肥产品排行榜""怎么减肥快"，等等。

（二）如何挖掘长尾关键词？

1.行业分析

只有我们足够了解自己所从事的行业，扩展关键词才能得心应手。不要紧盯着行业中的几个大词，如减肥行业的"减肥""瘦身""减脂"等。

这些行业大词几乎已经被行业巨头垄断，无论是SEM[①]或是SEO，想要通过行业大词上首页是非常困难的。

有人问为什么要做行业分析？这就好比追求一个你喜欢的人就要对他有所了解，至少要知道他喜欢什么、讨厌什么。只有知己知彼，才能提高胜算。不要一开始就着手优化那几个大家都在做的关键词，要花时间了解行业、用户，这对后续的优化会有帮助。

2.搜索引擎下拉框

搜索引擎下拉框的内容是与某个词语的关联度强、搜索量高的组合延伸。由于是下拉形式展现的长尾关键词，用户极有可能直接点击搜索，形成有效、直接的流量来源。另外，搜索引擎下拉框展示的是最近一段时间用户常常搜索的关联延伸关键词推荐，对了解用户的需求是最直接的一种方式。所以，可以通过搜索引擎下拉框来延伸挖掘长尾关键词。

3.相关搜索

搜索引擎相关搜索出现在检索页的底页，其长尾词搜索量仅次于下拉框的长尾关键词，对长尾词是非常好的补充。搜索引擎相关搜索是用户在搜索目标关键词后再次搜索的最高频率的关键词展现，展示的是最近一段时间用户的搜索情况对应延伸的推荐关联关键词，这会随着用户的需求而变化。因此相关搜索也可以作为挖掘长尾关键词的一个扩展延伸。

4.百度指数

打开百度指数页面(http://index.baidu.com/)，输入目标关键词，点击查看指数后选择"需求图谱"，滑动页面至底部，便可以看到热门的关键词搜索。根据百度指数所展示的需求图谱，以及热门搜索中的相关检索词和上升最快检索词，我们能罗列出一部分比较热门的长尾关键词。

[①] SEM: Search Engine Marketing，汉译为搜索引擎营销。简单来说，搜索引擎营销就是基于搜索引擎平台的网络营销，利用人们对搜索引擎的依赖和使用习惯，在人们检索信息的时候将信息传递给目标用户。搜索引擎营销的基本思想是让用户发现信息，并通过点击进入网页，进一步了解所需要的信息。企业通过搜索引擎付费推广，让用户可以直接与公司客服进行交流、了解，实现交易。

5.站长工具及关键词软件

目前站长工具,如5118、站长之家、爱站网和站长帮手等,都有类似的关键词拓展查询,并给出关键词的百度指数、搜索量以及优化难度,在一定程度上也能拓展出一定量的关键词。一些关键词拓展软件,如金花和战神等,可以根据关键词进行拓展,并产生一些联想词,辅助我们挖掘更多长尾关键词。

6.问答平台及专业社区

百度知道、搜搜问问和天涯问答等这些综合型的问答平台,包含各行各业的问答,虽然里面也充斥着大量的推广和广告问答,但也有大量的真实用户的问答。所以,很大一部分长尾词可能是我们通过头脑风暴也想不到的。例如,在百度知道搜索某目标关键词时,会出现许多与这个关键词相关的问题,而通过这些相关问题再搜索,又会出现更多关于这个关键词的问题,如此循环,可利用的长尾关键词资源可谓源源不绝。

7.百度推广的关键词规划师

挖掘长尾关键词的终极武器,可以说是百度推广的关键词规划师,这是系统挖掘长尾关键词不可或缺的部分,更能挖到很多前面几种根本挖不到的关键词。因为百度推广后台开放给商家,商家当然希望能够有更多的关键词带来流量并转变成客户,而百度肯定也喜欢商家投放更多的关键词,所以这里面的长尾关键词挖掘很全面。

8.同行竞争对手关键词分析

我们可以利用站长工具分析竞争对手网站,挖掘竞争对手使用的长尾关键词。同时,我们也可以通过问答平台以及新闻自媒体平台搜索一下同行都用哪些长尾关键词,这样或许能给你不一样的启发,对分析市场竞争和扩展自己的长尾关键词十分有利。

八、品牌软文的撰写

一个企业的品牌故事是软文宣传模式中最经典的一种。在我们的文案创作中，写好品牌文案是非常重要的。实际上，品牌本身就是一个故事，每一个做大做强的企业都创作了大量关于品牌的软文。

那么如何才能写好品牌软文呢？

首先，一篇好的品牌软文不能只追求文字优美，关键在于有好的内容情节。很多企业在创作品牌软文时，总是希望通过华而不实的文字来推广自己的品牌，以为这样可以打动消费者。但统计了很多品牌文案后，我们发现打动消费者的并不是那些文采好的文案，而是品牌本身的一些故事。

所以我们要明白，我们创作品牌软文不是为了让自己看着舒服，而是为了让消费者记住我们的品牌。在创作品牌软文时，一切都需要围绕着消费者的认知进行创作。

再者，可以在我们的文案中加入企业的经典事件，从而让读者对我们的品牌有一个更深刻的印象。

有时，创作一篇品牌文案需要写作人员站在媒体的角度进行撰写。当今社会，不管是纸质传媒还是互联网媒体，软文永远是必不可少的营销手段之一。

前期，我们创作文案肯定是有难度的，但是不用怕，优秀的文案高手也是经历了很多磨难后才获得最终的成功。在刚开始不懂得如何创作时，我们需要多阅读别人写的优秀文案，把别人优秀的品牌软文找出来反复阅读。当你看了大量优秀软文后，就可以快速提高写作水平。

最早我们帮合作的品牌方宣传时，也不像现在这么得心应手，在文案创作的路上，每个人或团队都需要一个过程。我刚接触网络霸屏布局的时候，也和多位行业内顶尖的写手进行合作打磨，反复探讨优化和升级，慢慢才形成了适合品牌的创作风格，所以才有了现在很多品牌方找我合作百度霸屏全网布局业务。

我们在创作软文时要明白消费者想要的到底是什么，学会换位思考，要站在行业的角度、品牌的角度、客户的角度、代理的角度，多方面融合，简单高效地传播，节约读者的了解成本，让潜在客户快速了解品牌的优势、卖点、核心竞争力等，让你的品牌占领用户的心智，让客户快速达到自我确认的过程，辅助招商和成交，让你的品牌更有竞争力。

九、产品软文的撰写

随着网络推广的盛行，软文营销越来越受企业重视。形象塑造、品牌造势、口碑引导、产品宣传，都离不开形式众多的软文。

有人说软文是毒药，刚开始你以为是一碗有营养的高汤，可读着读着发现是一篇广告，气得你咬牙切齿；当然也有人说软文是心灵鸡汤，明知道是广告可还是忍不住把它读完，而且还读得津津有味，回味无穷。

简单来说，任何软文都能起到营销和宣传的作用。我们在创作产品软文时，要学会把广告的部分隐藏起来，很多优秀的软文就把广告隐藏得很好，让读者在阅读的过程中不知不觉接受了产品的营销，有时甚至会下单购买。

在写作的过程中，我们也可以站在产品营销的角度，用软文加硬广再加新闻叙述的方式完成一篇文章，这也是当下品牌推广非常普遍的一种布局方式。根据我们团队的经验，一个品牌要想全方位布局，至少需要20篇文章用不同角度解决不同用户的潜在问题，如果你不太清楚从哪方面入手，可以结合前面给出的标题样例来完成对应的创作。

下面我们就简单介绍一下撰写产品软文的几个要点：

1.罗列特点，依次介绍

消费者在阅读软文时会进行过滤，他们总是会把目光集中在他们想获得的内容上，那些空洞无力的文字大多会被消费者过滤掉。因此我们在创作软文时，一定要罗列产品的特点，从而突出宣传重点和产品特点。可以减少文中华丽的文字，用故事或者直白的语言把产品的特点和优势凸显出来，这样既可以突出产品的卖点，又让消费者感兴趣。

有人说想要写一篇介绍新产品的软文却不知道从哪儿入手，在众多的产品优势、特点中找不到串联的线，写着写着就乱套了。对于这种情况，只能说明你还不够了解产品。想要介绍产品，首先要了解产品。写的时候，写从购买产品到使用产品，从单纯使用产品到对产品省心放心，再结合用户的痛点和常问的一些问题，这就是一条自然的写作线。

2.新旧对比，突出优势

对弱者来说，没有对比就没有伤害；对强者来说，没有对比就没有亮点。在介绍新品时，可以将新品与旧版产品对比，让新品的优势一目了然，这样写作既轻松，又能突出特点。若是公司新研发的产品，则可以与市面上已存在的产品进行对比，看得见的优势最具有说服力。

3.择取一二，重点介绍

写产品文案时，每一篇文案至少要包含产品的一两个卖点。这一两个卖点都必须能为消费者解决一两个痛点，而且要是我们的对手不具备的，或者是相对他们而言，我们更占优势的。宣传的文章是写给消费者看的，因此写的时候要从消费者的角度出发，探讨他们最感兴趣的话题，传达他们最想得到的信息。这样一来，不仅能使文章的阅读量上升，还能使消费者对产品心生好感。至于其他的信息，只要消费者对产品有了兴趣，一定会主动查阅了解。让消费者主动了解比宣传者自我宣传有效得多。

4.具体问题，具体分析

新产品的出现，一定是为了解决原有产品所存在的不足，因此在介绍新产品的时候，可以从原产品的问题入手。可以写，人们在做某件事情的时候会遇到什么问题，该问题有哪几种解决方案，不同的解决方案分别有什么局限和不足，最后引出新产品，从功能入手说明新产品可以更好地解决这些问题。

5.纯软文，产品植入

以上的几种写法都是直接介绍产品，这样的方式简单明了，能让人瞬间获取信息，避免许多弯弯绕绕。但是，直接介绍的方式会被不感兴趣的人直接过滤掉，不利于扩大影响力，无法达到更好的宣传效果。

消费者对于一切美好的事物都会有所向往，这就是人的本性。那么我们在创作产品文案时，就可以利用人们的这种心理，引发他们的好奇心，适当卖下关子。我们可以在软文中描绘某个使用场景，从而体现出我们的产品能为读者解决什么问题，能为他们解决什么痛点，能为他们做些什么，然后再通过给消费者做出一些承诺，让他们心甘情愿地下单。

除了直接介绍产品的方式外，有时候悄无声息的软文形式，可以让消费者在了解其他信息的同时知道我们的新产品，并从而产生兴趣。

十、个人IP布局与网络传播

在整体的网络布局中，除了品牌布局之外，最重要的就是个人IP的布局打造。打造个人IP就是打造个人的知名度、美誉度和权威度。知名度即曝光量，美誉度即口碑，权威度即形象。打造个人IP是为了让个人更具有能量场，使在某一行业领域内拥有独特的优势和明显的竞争力，进一步提升粉丝转化率。当你的磁场被放大，将会获得更多人的支持和帮助，能为自己的事业打下坚实的基础。

定位定江山，建立具有影响力的IP、超级符号、个人品牌，本质上是建立他人对你独有性的一种正面印象或情感，也就是塑造他人对你这个人的认知。这样可以节约别人了解你所需要的成本，让他们在短时间对你产生信赖感。影响力IP的打造需要一个持续的积累过程。

软文系列的布局能全面展示我们的各类信息。搜索引擎是传播承载的一种媒介，也是别人了解我们的一个窗口。打造个人IP，可以先从百度百科和口碑问答入手，再用新闻媒体的报道、专访采访软文、自媒体平台以及百度知道、贴吧进行布局宣传，多角度地把自己愿意展示的内容呈现出来。

布局的内容，可以以下面4个方向为重点。用全方位的布局来提升自己的综合竞争力：

1.自我网络形象展示

前文提过"你的网络IP决定你的江山地位"并讲了很多打造IP的方式。我们把关于我们IP的内容搬到网上，当别人想了解我们的时候，便可以迅速了解到我们的标签、优势、个人荣誉、能提供的价值、核心竞争力等。自我展示的方式是多角度且多样的，可以通过文字、图片、视频等方式，让我们的内容在互联网上拥有相应的排名。

2.个人故事传播

故事更容易被传播，故事里往往蕴含着主人公的背景、专攻领域、成长经历、生活转折、性格和价值理念等信息。如果别人不知道你的故事，在他眼里你可能是空白的。相反，主动讲出你的故事，会让别人对你迅速产生一个直观印象，加深对你的了解，这也是快速建立信任和感情连接的方法。讲好了自己的故事，很可能会让别人对你的故事产生共鸣，并对你产生认同。

也许过了很长时间，别人已经忘了你的长相，但还能记得你的故事。在打磨自己故事时，要注意根据自己的真实经历进行提炼和升华，让自己在故事里是积极、正面的，或要能反映出自己的独特性，要能给别人留下不一样的印象。讲好你的故事，就相当于一场公众演说。

3.个人标签

物以类聚，人以群分。你的标签可以是你的兴趣爱好，可以是某个社群的成员或创始人，可以是你擅长的领域的一个头衔。人们通过你的标签，会对你进行识别和归类，创立一个对你的初始印象，以此来判断你所提供的业务和你的能力。标签也可以快速吸引与你具有共同价值观、共同理念的人。总之，个人标签能为你的业务成交和交友起到辅助的作用，有一定的引导逻辑。

4.展示个人价值

人际关系的本质其实就是通过信息的交换，使得人与人之间产生一种信任和感情的连接，然后进行资源和价值的交换。在网络中，你需要不断输出内容来提升个人价值，这也是为了吸引他人。你是谁？你将遇见谁？站在提供价值的角度，你会帮助到更多的人，同时也会获得更多人的帮助，可以吸引更多优质的资源与你同频。

你所能提供的价值，也是一种软实力。因此，我们在打造个人IP时，要适当展示自己的价值和实力，告诉别人你在哪个领域有优势，在哪些情形下可以帮到别人，让别人知道你的价值，这样他们才有可能在适当的时候找你帮忙或者合作。

十一、如何写专访新闻稿

根据需求和目的的不同，软文营销可以分成很多种不同的类型，这些软文在写法上也各不相同。其中，能够增进说服力、降低理解难度的采访专访型新闻稿，就是一种比较常见的类型。

（一）专访新闻稿怎么写？

1.罗列提纲

提纲的内容，包括在宏观上要达到的目的、传达的信息、想要达到的效果，以及这些是否与软文营销的目标相一致。

软文营销的目标，往往是为了曝光品牌和提升销量。提纲的罗列必须围绕这一目的进行，否则就不是专访型软文。在此基础上，要达到的目的通常还有塑造形象、推广和文化理念的沉淀，要传达的信息则有品牌（个人）的理念、产品（个人作品）的基本介绍和能为消费者解决什么问题。

除上述内容选取之外，我们还需要从众多的软文结构、种类当中选择适用的一种，如你的文章采用问答式还是第三人称陈述式。根据文章结构的不同，话题和语言形式也不一样。

2.交代背景

专访的目的在于将被采访对象的形象生动完整地呈现出来，方便观众更好理解和容易接受。因此需要将被采访对象的背景言简意赅地陈述出来。

根据采访对象的不同，在具体写作时有所差异：

如果采访对象为个人，那么就需要介绍清楚他最具代表性的身份和事迹（或荣誉），然后交代为何进行此次采访。

如果采访对象为某个品牌，则需要介绍它所在行业的背景和该品牌的发展历程，同时也需要交代清楚此次采访的缘由。

3.设计话题

设计话题是撰写专访型软文的过程中最为重要的一点。话题设计的水平高低，直接决定稿件整体水平的高低。

话题的设计，通常可以从4个方面进行考虑：

（1）联想式。通过抓取采访对象的一些具有代表性或显著性的特点展开联想。

（2）表现式。表现出被采访对象具有的才能和爱好，引发对象的感情共鸣。

（3）回忆式。从被采访对象某一时期的经历入手，拓展采访的空间和时间。

（4）单刀直入式。抓住读者存疑并求释疑的心理，向被采访的对象直接提问。

（二）专访新闻稿中常用的问题类型

1.引导型问题

这类问题一般多为叙述性的，通常用在文章开头，为的是引出采访的核心并告知读者接下来的内容是什么。在专访新闻稿件中，有时为了控制文章节奏，也可以适当在中间部分穿插几个这类问题。

2.回忆型问题

这类问题一般是为了更好地调动读者的兴趣，也为了提升内容的深度和可读性。这类问题出现的频率不宜太多，通常出现1—2个即可。而且出现的位置最好在文章中间，可以用于调动读者的阅读兴趣。

3.关键性问题

这类问题承载着传达核心信息的使命，是能否达到软文营销目的的关键所在。因此应占据最大篇幅，对问题的设计也尽可能言简意赅。

4.结束型问题

提出这类问题时，一般意味着采访到此结束。

例如：

百尺竿头更进一步，对于 _____ ，您今后的打算是怎样的（有什么新的目标）？

很感谢您能接受这次的采访，对 _____ 说一下您的 _____ 吧！

如果让您给那些 _____ 的人一些建议，您会提什么？

十二、写专访文章常用的120个提问模板

很多人在写专访文章时会无从下手，但这类文章在写作的时候是有一定规律的。站在营销的角度，受访人可以通过提问把品牌的实力、优势、卖点、核心竞争力、创业初心等间接表达出来，借此传递价值观。

写专访文章之前总少不了对受访人物的提问，现在就说说专访文章常用的问题有哪些。

1.您是如何评价自己的？

2.如果再给您一次机会，您还会选择这个行业吗？

3.请您大概介绍一下您做的项目是什么？您当时是怎么分析它的前景的？

4.您做这个品牌的创业初心是什么？

5.目前为止，您觉得取得的最大成就是什么，最大收获是什么？

6.贵公司在行业中的最大优势是什么？

7.您认为在整个市场中，贵公司打造的明星产品在同类竞品中有何优势？

8.您在实现产品力的深度传播的过程中，有哪些创新和变化？

9.贵公司近些年的发展成效卓著，在大众印象中已是行业龙头，你们成功的法宝是什么？

10.可以说一说咱们公司的文化，以及公司愿景是什么吗？

11.在您的生活中，有什么可以和别人分享的趣事吗？

12.在您的创业过程中发生过什么难忘的事情吗？这件事情对您有什么影响吗？

13.公司在创业之初遇到的最大困难和障碍是什么？

14.贵公司是怎么解决在创业过程中面临的障碍和瓶颈的？

15.过去一年，您有过很沮丧的时候吗？后来是怎么走出来的？

16.在您事业发展的过程中，您是否做了什么令自己后悔的事情？

17.在发展事业的过程中，您曾经有过放弃的念头吗？

18.什么样的挑战会让您觉得十分兴奋？

19.在产品研发方面曾经遇到怎样的难关？技术方面有哪些难关呢？

20.您认为咱们这个行业怎样才能把服务做好？

21.您觉得自身最大的优点是什么？

22.您认为工作中最重要的品质是什么？

23.在生活和工作中，您是如何看待失败的？

24.在发展事业的过程中，什么样的哲学理念对您产生了巨大影响？

25.在您的人生中有遇到什么贵人吗？

26.在这个行业，您有什么经验以及心得想和大家分享吗？

27.您取得今天的成绩，您觉得最需要感谢的是谁？

28.您的母亲是一位怎样的人呢？她对您带来了什么影响？

29.您的偶像或者最喜欢的人物是谁？您觉得他对你的成长有什么帮助？

30.您平时喜欢结交什么样的朋友？什么样的朋友可以让您放松身心？

31.在过去的几十年里，对您来说最重要的事情是什么？

32.在您的童年中曾经发生过什么大事吗？那件事给您带来了什么影响？

33.如果回到五年前，您最想做的事情是什么？

34.您的家乡对您的个人成长有什么样的影响呢？

35.工作中，您还有什么目标想要实现吗？

36.我们都知道您比较忙，那您是如何兼顾家庭和工作的呢？

37.您的家人支持您选择这个行业吗？

38.除了工作，您最喜欢做的事情是什么？

39.您是如何度过您的休假时间的？

40.在生活中，最令您感到开心的事情是什么？

41.您喜欢看书吗？一般什么类型的书籍看得比较多？

42.×××出了一本引流的书籍，听说您团队人手一册，您是如何看待引流和裂变的？

43.您有想过您退休以后的生活吗？您觉得会是什么样的？

44.您觉得自己身上最大的闪光点是什么？

45.您希望别人眼中的您是怎样的人？

46.对于即将进入这个行业的年轻人，您有什么建议呢？

47.您觉得从事这个行业，需要具备什么技能和知识呢？

48.对这个行业的发展前景，您是如何看待的呢？

49.在目前直播经济快速发展的时代背景下，贵公司看到了什么发展机会？

50.可以透露和展望一下您公司未来的发展目标吗？

51.您方便聊聊在该行业，贵公司未来3年的战略规划是什么吗？

52.凭借您的经验，请您谈谈目前行业发展的现状以及未来的趋势。

53.您认为市场环境在今后三年会有怎样的改变，企业该如何适应这种改变呢？

54.您觉得想要取得成功，最重要的是什么？

55.商业的本质在于提供价值，除了商品之外，您还能提供什么额外的附加值呢？

56.您是如何对待工作中消极的呢？您会通过怎样的方式去帮助他们呢？

57.您接下来最想做的一件事是什么？

58.您觉得您的成功是偶然还是必然？

59.您觉得一个人最不能放弃的是什么？

60.这个行业中有什么不为人知的奥秘吗？

61.您有怎样的人生规划呢？

62.你喜欢和什么样的人一起工作？

63.随着公司一路走来，您个人有什么样的感悟和领悟？

64.纵观这些同行，您和其他品牌有什么不同？您的优势是什么？

65.您能跟我说下您对未来的规划吗？

66.您之前所从事的行业有没有对您现在做的事情有所帮助？

67.您毅然放弃之前的事业，有遭到家人的反对吗？

68.×××品牌这个名字有什么寓意吗？

69.可以说说×××品牌的发展理念吗？

70.您可以介绍一下×××品牌旗下的产品吗？

71.请您用一两句话介绍一下您产品的最大卖点是什么？

72.对于产品的定价，您有什么样的考量？这个价格是否亲民呢？

73.您的目标客户群体都有哪些呢？

74.您觉得我们的产品能帮助客户解决哪些问题呢？

75.加盟我们的品牌需要多少钱呢？

76.您能说说加盟×××品牌的理由吗？

77.加盟咱们这个项目有什么风险吗？

78.咱们的项目是个比较容易赚钱的项目吗？

79.对于资金不是很雄厚的群体来说，适合用我们的项目来创业吗？

80.您觉得什么样的群体适合做咱们这个产品呢？

81.您年纪轻轻就有如此大的成就，真让人赞叹！当初您为什么选择这个领域呢？

82.在当今这个酒香也怕巷子深的年代，您是怎么传递品牌价值观的呢？

83.您是如何通过网络营销给品牌带来价值的？

84.您为什么愿意和×××团队合作，在合作中，您最看重的是什么？

85.×××品牌的运营模式大概是怎么样的呢？

86.我们的模式有什么厉害之处吗？

87.您说要做细分领域的第一名，您专注的（行业垂直）领域是什么？

88.您觉得别人为什么会选择咱们的产品，我们品牌的背书是什么？

89.您认为加入×××品牌的最好时机是？

90.未来10年，如果品牌按照您设想的那样发展，会成为什么样？还请您畅想一下！

91.您是如何扶持新代理成长的？

92.听说咱们有专业大咖授课，一对一辅导，是真的吗？

93.有没有代理通过加盟咱们的产品创业，然后成功逆袭的故事？

94.据说我们的培训体系很完善，您是如何规划新人成长的？

95.引流裂变对一个新手代理很重要，咱们在这方面是如何给予支持的？

96.听说咱们这边经常搞一些线下活动和旅游活动，近期有规划吗？

97.对于咱们的团队长或者加盟商，您有什么建议吗？

98.您觉得什么样的团队才是专业、靠谱的？对一个团队来说最重要的是什么？

99.关于×××问题，您可以谈谈您的想法吗？

100.关于咱们品牌的故事，我很感兴趣，您可以讲一讲吗？

101.很多品牌都有模仿抄袭者，如何区分产品真伪呢？

102.在您的创业过程中有没有遭遇过同行的网络攻击？您当时是怎么处理的？

103.关于乱价控价，咱们有什么心得要分享呢？

104.您有没有关注客户的真实反馈和评论呢？大家是怎么评论您以及您品牌的旗下产品的？

105.听说我们一直要走的是国际路线？您是怎么规划布局的？

106.关于品牌的网络宣传，您有什么规划吗？

107.您为什么没有找明星代言？（或者，为什么请×××作为我们品牌的代言人？）

108.如何让别人相信您的产品是真实有效的？

109.咱们的品牌是怎样获取流量的？

110.渠道为王，咱们的产品是如何拉动销售的？

111.线上的营销获得都有哪些？

112.咱们品牌实体店的规划是什么？目前处于一个怎样的状态？

113.听说您非常不建议团队成员炫富,这是为什么?

114.您一直倡导为社会做点贡献,您觉得目前最大的贡献是什么?

115.听说您也经常做慈善,在您做慈善的过程中,带来的最大触动是事情是什么?

116.听说您的操盘团队很厉害,具体厉害在哪些方面呢?

117.您对社群营销怎么看?咱们团队有没有专门运营社群的?

118.您觉得您是一个创业教练吗?

119.您可以介绍一下品牌或团队的发展历程是什么吗?

120.品牌在×××获得了×××奖项,您谈一下获奖感言。

问题千变万化,因人而异,不一定生搬硬套。根据采访水平,针对品牌进行针对性提问,学会灵活运用。采访前准备几个有代表性的问题,在采访过程中有针对性地植入就可以了,提问的质量在精不在多。另外,也可以倒推受访者表达的内容,选择核实的问题将其合理地引到话题上,最终达到你想表达的效果。

十三、专访案例

王九山专访林炳生——永和豆浆的前世今生

8月28日,林炳生和王九山如约在杭州会见。一位是豆浆餐饮品牌的扛把子,一位是新媒体的代表人物,高手与高手的对决,又会碰撞出怎样的火花和智慧呢?永和豆浆的成功,永和豆浆的成功赖于什么秘密,又有怎样的传奇故事呢?

林炳生,永和豆浆的掌门人,1982年在宝岛台湾开始开店,1985年由他经营的小店正式取得了"永和豆浆"商标注册。1992年,永和豆浆再向前迈步,在大陆注册。1995年,永和食品公司跨过台湾海峡,正式走进故土发展，总部设立于上海。如今，全国已有600家"永和豆浆"餐饮门店，其足迹可谓遍布大江南北。在北京、上海、深圳、武汉、南京、成都、济南等大城市，"永和豆浆"早已成为人们生活中的一部分。

这次会面，林炳生董事长与王九山分享了永和豆浆的"前世今生"，我们也有了对永和豆浆背后那些鲜为人知的故事一探究竟的机会。

永和豆浆品牌的起源

20世纪50年代，一群远离家乡、从大陆来到台湾的退役老兵迫于生计，聚集在永和县中正桥畔，搭起经营快餐早点的小棚，磨豆浆、烤烧饼、炸油条，创办了一片供应早点的摊铺。因为这些老兵手艺精湛地道，磨出的豆浆新鲜营养、香浓可口，做出的烧饼油条色泽金黄、松软酥脆，所以这些经营在永和地区的早点小店盛名远播，传遍全岛。

像同时代的许多人一样，林炳生董事长和林建雄总裁就是从小吃着永和老兵们的豆浆、烧饼、油条长大的,对这些中国传统早餐有着深厚的感情。为了传承与发扬这怀念的滋味,林氏兄弟决心以现代化的经营方式将这些中国传统早餐推广出去,立志"让全世界有华人的地方都能喝到永和豆浆"。"永和"两个字不仅是向当年在永和摆摊的老兵们致敬,也表明了创始人想推广中国早餐文化的决心,同时也代表了人们向往安居乐业、和气美满的心愿。

中国风、台湾味、两岸情

林炳生此次来到杭州,和王九山特别聊得来,他表示自己非常喜欢和年轻人沟通、交流。当王九山问及"永和豆浆在大陆获得成功,对他最大的收获是什么?"时,林炳生脸上笑开了花,说道:"最开心的事和最大的收获,莫过于能够通过永和豆浆,为两岸交流做一些贡献。"永和食品始终秉持着"中国风、台湾味、两岸情"的品牌核心价值观,传承着这些传统早餐文化中的中国味。

王九山:永和豆浆作为一个老牌企业,您觉得传统的老牌企业应该如何看待新媒体时代的创新?

林炳生:移动互联网时代给无数的企业带来成功的机遇,也让很多传统企业在这场新改革中黯然退出。互联网的普及让无数的个体有了发声的平台和机会,每个人都在积极拥抱这种全新的生活方式。永和豆浆也紧跟时代潮流,转型创新,通过数字驱动,社群、万物互联,主动拥抱新媒体,勇往直前。在获客成本不断攀升的当下,未来企业比拼的是流量、存量和文化。在新格局下,餐饮企业要迅速反应,懂得借力发展,从而快速实现企业规模化。

王九山:新媒体时代的来临,作为老牌企业,有没有想过结合新的营销玩法让更多国人喝上永和豆浆?

林炳生:新的时代总会遇到新的问题,比如过去费时费力的研磨滚煮的豆浆生产方式，对现在的吃货们而言，显然太麻烦，这就需要做出改变。这里的改变不是一味迎合消费者，而是站在品牌发展的角度解决问题并寻求新的突破。

为了让豆浆的生产流程实现标准化，同时保留豆浆的原汁原味和营养，我们在生产工艺上做了很多尝试，成功挑战了不少技术难关。而为了满足大家想要随时随地喝到永和豆浆的愿望，我们又在营销模式上，相继尝试了"早点到""早餐吧"，以及时下最流行的"电商和直播"等零售新模式。九山兄弟为很多知名品牌在互联网营销和布局等方面都做过服务，在行业内声名远扬，以后会多多加强交流和学习，希望能够共同探讨出更前沿的新媒体布局玩法，让更多国人能够爱上永和豆浆。

王九山：新媒体时代带给您最大的触动是什么？

林炳生：无论是以直播带货为代表的网红经济，还是以社群裂变为代表的分享经济，让我最受触动的一点是，在这个时代，销售变得更容易了。过去依靠传统的销售方式，永和豆浆的销售额从一千元到一万元、一万元到十万元、十万元到一百万元，需要一个较长的周期才可以实现。而现在，通过网红的直播带货，永和豆浆一个活动所创造的业绩就可以轻松超过一千万，这在过去是无法想象的。所以我常说，一定要借助好网络科技的力量以及好的营销模式，为品牌的增长加分。

王九山：除了做豆浆，我看您也非常乐衷于从事公益事业，同时希望可以为社会发展做贡献。

林炳生：我认为不管时代如何变，文化作为品牌的底蕴，一定要富有内涵，要对社会有所贡献，这是不能变的。

为此，我们专门成立了永和文化，以文化艺术为纽带，聚集了一大批艺术家、运动员，让他们担任永和文化大使以及永和健康大使，通过展览销售、艺术品拍卖等获利，并将获利部分热心公益与慈善，我们支持捐助了诸多爱心机构，如新华爱心基金的"捡回珍珠"计划，中国少儿基金会励基金的"不完美英雄计划",助学敬老,创办永和希望小学,关爱孤寡老人,促进两岸文化交流……在社会需要资源支持的时候捐款捐物,提供后勤保障。

王九山:永和豆浆如何推动企业文化的落地?关于"文化先行,质量为先",您怎么看?

林炳生:永和豆浆秉持以健康运动、生活美学的精神来推动企业文化。让企业在文化层面也能被人们熟知。这么多年来,永和豆浆坚持做好每一杯豆浆的初心,以顾客实际体验为重要参考指标,侧重于高质量产品的研发与销售,将满满深情厚谊灌注凝结到每一杯豆浆之中。永和虽然是做豆浆,但也是在传承文化。在学习推动石磨的圆融中,我们也萃取到精致营养。今天,我们依然坚持石磨的这股圆融、圆通、圆满的精神,保持永和豆浆的独特风味。

三分傻劲、七分干劲和永不放弃的决心

弯腰并不会影响你的身高。谈到自己的座右铭,林炳生非常笃定,"创业不易。创业这些年来,我一直以三分傻劲、七分干劲和永不放弃的决心继续努力。平心过生活,用心做事业。你在做任何产业的时候,一定要做得最好,做到淋漓尽致。"

王九山表示,永和豆浆30多年的用心经营,一杯杯营养豆浆,背后都有"永和文化"传承和守护。永和豆浆也因此在人们心目中形成了口感顺滑、口味香醇、质量品质有保障、喝起来更健康的印象。谁曾想这一杯小小的豆浆,倾注了一代又一代永和人的心血?而林炳生董事长,一个豆浆界的"灵魂人物",既能当好师长指引你成长,又能当好兄弟慰藉你的心灵。从他的微信昵称"豆魂",喜欢我们喊他"豆哥",就可以看出他的平易近人,丝毫没有领导架子。

通过这次与林炳生"豆哥"愉快的对话,让我们了解了一个品牌对品质与服务的坚持。也正是这份永秉初心的热爱,铸就了永和豆浆蓬勃发展的今天。目前，凭借着超强的实力，永和豆浆成功打入日本、美国、澳大利亚、加拿大、泰国、德国等30余个国家和地区的市场，并广受欢迎。从民族品牌一跃成为国际品牌，永和豆浆距离实现"让全世界有华人的地方都能喝到永和豆浆"的品牌愿景又往前迈进了一大步。

【永和豆浆董事长林炳生（左）/百度霸屏新媒体布局专家王九山（右）】

在专访快要接近尾声时，林炳生表示："能和王九山这样的年轻人聊得来，甚是欢喜。同时他也鼓励年轻人，发挥自己的价值，多为行业、为社会、为国家做出力所能及的贡献，成为一个能为他人创造价值的人。王九山有12年的互联网营销经验，精通各种新媒体玩法，服务了这么多上市公司和世界500强品牌，一定有自己独到的优点。"他还表示会虚心向九山老师这样营销有结果的人学习。

当林炳生知道王九山想把他的经验撰写成书，分享给更多需要帮助的人时，他坦言这就是分享精神，这就是贡献价值！甚至在看完书籍的介绍后，决定亲自推荐，并为王九山录制了一段视频见证，借此鼓励王九山。"希望王九山能被更多人认识。"他说，"分享价值就是分享快乐。"

在现场，双方对彼此的业务发展和资源优势均表示肯定，并认为在业务合作、渠道开拓等方面双方具有极强的互补性，在市场运作方面也各具特色，应充分借鉴和发挥双方优势，在新媒体营销、网络布局、引流裂变、社群玩法、资源整合、配套服务等方面开展全方位深度的战略合作。

最后，林炳生相约王九山在未来多多联系，以点亮更多人为使命，和更多企业和新媒体团队一起，一起骑行，一起去沙漠戈壁，一起参加公益活动，为社会做更多有意义的事。

未来，永和豆浆将继续以"传承和发扬传统中华美食文化"为使命，不断创新，坚持把永和打造成具有影响力的食品品牌，并逐梦前行。相信在不久的将来，全世界有华人的地方都能够看到永和豆浆的身影，在海外的华人都能随时尝到故乡的味道。

第四章　品牌营销之图文类平台布局

一、品牌图文类传播

站在搜索引擎布局的角度来看，综合呈现方式，以图文类和视频类为主。但就大部分品牌传播属性以及客户的认知习惯而言，图文类是最主要的传播方式。图文并茂，可以了解让人更直观地了解品牌和产品。当然，有些情况下，也可以仅采用图片或文字单一一种形式。图片直观接地气，文字令人印象深刻，图文配合，可以大大提升文章的点击率和留存率，吸引观者注意力。

图文类传播的应用场景包括且不限于新闻、博客、百科、问答、分类信息、论坛、自媒体平台，等等。其中，新闻和问答是比较重要的场景。

图文类传播常见的表达方式有软文、销售信、H5、信息流广告、微博图文营销等。

二、如何轻松创建百度百科

百度百科的重要性，相信大家都很清楚，很多人把它当作一张企业的名片、一个人权威的证明。在很多人的认知中，百度百科代表了权威、官网、背书。

记得10年前,我提交百科就像发朋友圈一样简单,只要具备基本的百科知识,大部分都可以轻松过关。随着百度百科的审核越来越严格,普通人已经很难创建自己的百科了。

如何创建企业百科?如何创建品牌百科?如何创建个人百科?如何克服新闻源权威证明?在创建百科的过程中还有哪些常见问题?

首先我们要清楚,百度官方愿意收录各领域中高质量的百科内容。因此,只要你符合它的收录范围,就可以轻松创建百科。

百科内容的审核分为机器审核和人工审核。所有内容在一开始都需经过机器审核,机器审核通过才会进入人工审核。如果你的内容确实符合上线标准,即便机器审核没有通过,也可以直接联系在线客服进行人工复核。

创建百科要满足哪些条件呢?

(一)百度百科的收录原则

为了保证百科词条内容的质量及真实性,只有满足百度百科所有收录规则的词条才适合被写进百度百科。

百科收录规则包括:规范的词条名;客观事实;来源可查证;完整的词条结构。

1.规范的词条名
所有词条的名称都应当使用大多数用户最容易理解且不容易混淆的文字，同时要确保用户可以简单且符合常识地找到本词条。

2.客观事实
百度百科只收录客观事实。

客观事实可理解为对事物主题的描述不因描述者主观判断的变化而变化，所有虚假的、编造的、恶搞的、缺乏根据的内容都不应该写进百度百科。如"食盐能抗辐射"这类谣言，以及个人对于事物的主观评价等，均不适合写进百科。

文学作品、影视作品、游戏等载体中出现的虚构（非虚假）人物、场景、道具、故事等，都可以收录进百度百科，但这类内容在撰写时须明确指出其不是事实，并指明出处。

3.来源可查证
来源可查证是指收录于百科的内容必须注明其来源，即提供参考资料。

为了证实词条内容的真实性，要保证词条内容的每个关键信息点都有参考资料支持，且参考资料必须为大众承认，即是可信的。

4.完整的词条结构
完整的词条结构可定义为：词条内容应包括对主题的明确定义和详细说明。同时，词条内容应与词条主体紧密相关，保证内容的可读性较高。

不能收录的内容有哪些？
百度百科不欢迎任何形式的违法、色情、暴力、人身攻击、广告宣传等内容。

（二）如何创建百度百科

1.如何创建企业百度百科
创建普通企业百科是最简单的，只要有企业的营业执照就可以急速创建。

创建企业百科的通道：

https：//baike.baidu.com/enterprise/create

创建只需三步：

第一步，验证企业真实信息（通过企业征信信息系统查询验证企业真实性）。

第二步，词条样式预览（整合企业在征信信息系统中公示的内容，生成词条预览样式）。

第三步，立即上线（点击确认创建，词条立即上线）。

点开上面的链接之后，点击下面的"极速创建词条"，就会弹出以下窗口，直接按流程填写就可以了。

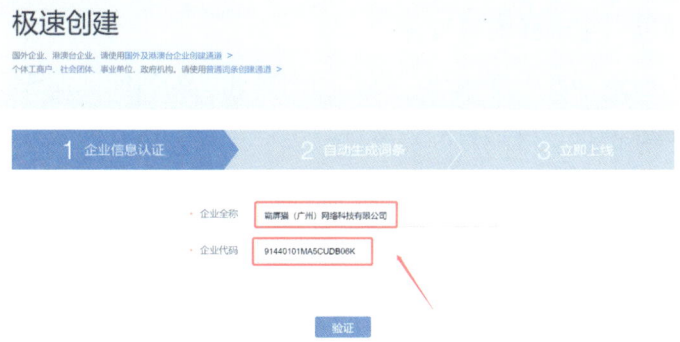

第一步，填写企业全称，比如霸屏猫（广州）网络科技有限公司。

第二步，填写企业代码（与营业执照上的信息一致）。

第三步，点击"验证"提交就可以立即生成（立马收录）。

【百科创建成功示例】

以上操作其实很简单，但是很多企业不了解这一步骤。但实际它就像一层窗户纸，说一下就能明白。如果你有自己的营业执照，可以动手试一下，一分钟内极速创建。

2.如何创建品牌百科

这里所说的品牌百科，主要是针对品牌而言。创建的类目格式可以选择系统提供的或者自定义，如公司名称、成立时间、经营范围、总部地址等信息都可以自主选择填写与否。

百科的内容部分不难编写，真正的困难在于如何佐证你写的内容是真实的。前面强调过百度百科的权威性，所以平台对内容的参考来源要求很高，需要使用权威的参考链接作为佐证。

比如，永和豆浆这个品牌的百度百科，其中一条参考文献就来自我的独家专访，因为它有权威媒体的新闻报道，并且符合百科收录标准，所以可以作为参考源来佐证内容提交。

因此，在创建品牌百科的时候，我们通常使用品牌商标在国家知识产权局商标局中国商标网（http://wcjs.sbj.cnipa.gov.cn）上注册成功的链接来作为佐证。

因为该参考网站属于政府网站，所以具备权威性和真实性。我们在创建品牌百科内容时只需要将商标相关的公司名称、申请日期、注册日期、专用权期限、国际分类等信息添加进去即可。

品牌百科创建提交审核通过之后，我们再使用注册该商标时使用的公司主体备案的品牌官网作为参考链接，即可对百科的内容进行添加、删除或者修改。

很多找我们合作的品牌方，都是后期让我们再次丰富他们的百度百科的，毕竟在大家的认知中，百度百科代表了权威、官网、背书。

3. 如何创建作品百科

很多打造自己个人IP的创始人或者知名企业都会出版属于自己的著作，那么当你的书出版后，如何创建作品的百科呢？

拿我之前出版过的一本书举例，书名是《微商引流爆粉实战手册：全网引流实战300招》。通过百度搜索书名后，会出现这个词条的百度百科。同品牌百科的设置一样，其展示的栏目可以自己选择或罗列，如我设置的内容分别是书名、作者、定价、出版社、出版时间、开本、ISBN。

而参考文献来自当当读书自营店，因为当当网在图书业很具权威性，所以当当网的信息可以作为内容的辅助材料，证实该百科内容的可靠性。

4. 如何创建个人百科

这部分内容是很多读者所关注的，我们重点剖析一下，将常遇到的问题和解决方案一起罗列出来。

普通创建的流程如下：

（1）打开创建百科的网址：

https：//baike.baidu.com/page/createindex

（2）按照提示，填写词条名字以及词条分类。

（3）按照提示填写词条的主要内容、基本信息。

（4）填写参考资料，提交。

以上操作简化了几个步骤，致使整个流程看上去比较简单。而在实际操作过程中，困难在于内容的排版规范以及参考资料的填写。

（三）参考资料的来源及添加方式

百度百科词条人人都可以免费编辑，但不意味着可以胡编乱造。百度百科数据显示，造成词条不通过的原因主要有三：缺少参考资料或参考资料不规范（50%），存在营销内容（30%），因其他原因（20%）。由此可见，因参考资料问题导致词条不通过的现象占据一半概率。

参考资料原因导致词条不通过的原因有：

1.缺少参考资料

百度百科的内容要求客观、真实，写进词条的内容需要附参考资料来佐证，并且所有的内容都要能在参考资料中找到对应描述，不可查证的内容不适合写进百度百科。

用户为某公司创建词条，在填写完相关信息后，并没有附上任何参考资料。系统反馈的未通过原因为"缺少参考资料"。

一般情况下，下面这些类型的词条在创建时必须有参考资料：企业、产品、产品系列与品牌、商业活动、人物。

2.参考资料来源不权威

权威来源的参考资料源包括但不限于教科书、国家标准或公文、学术文献、权威机构的出版物、有广泛影响力的大众媒体、专业网站。

不能借鉴的参考资料源：多数自媒体的内容不能借鉴，包括微博、微信公众号、博客、论坛、用户上传内容（百科、文库）以及标有自媒体来源和免责声明的网页、企业黄页等。

3.参考资料与内容不对应

百科词条对参考资料的基本原则是，用户所附的参考资料需与写进词条的内容对得上。因此，如果参考资料中没有包含词条中的内容，词条内容即为无来源内容，该词条无法被通过。

例如，用户创建某人物的词条时，主要内容是其基本资料、生平经历、作品等，但给出的参考资料却是其在接受媒体采访时说的关于某一问题的观点。

因词条内容导致词条不通过的原因有：

1.内容含有宣传性质

词条内容不能含有联系方式，包括网址、邮箱、电话、QQ号、微博等信息。用户在创建或编辑词条时需要删掉具有宣传性质的内容。

某用户在为某企业创建词条时，其中一段内容为"某企业位于北京朝阳区，联系电话×××-××××-××××"。该词条内容因含有详细联系电话，具有宣传性质而未通过审查。

2.内容涉嫌夸大描述

百度百科中的内容一般为定义说明性解释，内容讲究客观精炼，需删除不确切、溢美夸耀的描述，减少形容词的使用，并且不收录个人观点。

例如，用户编辑词条时写道，"某款手机的摄像头效果非常好"。该内容没通过审核的原因为内容不客观，涉嫌夸大描述。

因其他情况导致词条不通过的原因有：

1.内容与词条主题相关性低

相关的内容，指的是能用一个"的"来连接词条名和目录名。一般来说，词条中所介绍的内容层级应该不超过两级。

例如，用户编辑词条"×××"时，其中一段的大致内容为"歌曲×××的作词人的故事是……"，该词条因与主题相关性低而未通过审查。

2.词条名不规范

每个人物或事物应该有且只有一个标准的词条名称。创建者使用标准名称创建词条，之后可以由多人针对标准名称进行协作编辑。标准的词条名应该为人物全名、企业全称等，不能使用复合词。

例如，用户创建词条"惠昭太子"和"体操运动员李宁"，但已存在词条"李宁（唐朝惠昭太子）"，该词条创建未通过。

"惠昭太子"是称号，未使用专有概念的全称，该词条可以通过合并同义词（跳转关系）来解决。而"体操运动员李宁"造成多义词的重复，需要用正确的义项名做标记进行拆分，且义项名应该放在词条名后面的括号里，改成"李宁（体操运动员）"。

3.内链不正确

内链，就是百科词条里的链接，有时它会指向其他的百科词条。用户编辑词条时一定要细心。

常见的内链错误有：断词错误、无意义内链、重复内链、本词条内链、义项错误。

例如，用户创建"杜鹃"（植物）时，添加的内链是"杜鹃"（鸟类），由于义项错误，审核无法通过。

（四）如何联系百科官方客服

当我们创建百科时，内容提交之后会先经过系统的审核，如果审核不通过，我们可以在百科的后台查看是由于什么原因。系统审核有时会误判，遇到这种情况时，如果我们的内容和参考来源没有问题，那么就可以尝试联系客服进行人工审核。

先点击"不明白，咨询客服"，下一步选择"编辑词条未通过"。

在弹出的对话框中，输入"人工"，随后点击"人工客服"，即可选择与人工客服进行沟通。

人工客服通常会让我们提供词条的名字、创建的时间等相关信息，我们按照客服的需求提供内容即可。大部分情况下，只要我们的内容和参考链接符合百度百科的收录标准，人工客服基本都会手动帮我们审核通过。

关于这方面的很多内容，百度官网都有介绍，这里就不再一一罗列了。

三、如何创建百度文库

百度文库（https://wenku.baidu.com/）是百度旗下一个在线互动式文档分享平台，十年来汇集了超6.2亿份高价值文档资料，拥有18万认证作者和近2万家专业权威机构，是中国领先的文档与知识服务平台。百度文库坚持"让每个人平等地提升自我"的目标，努力将知识尽可能分享到每一个需要的角落。

之所以在这里讲百度文库，有三大原因：第一，百度文库的收录和排名特别好，能够获得不错的流量；第二，百度文库是一个很好的载体，它能图文并茂地展示你想展示的内容；第三，坚持上传百度文库的人不多，竞争对手少，一旦你掌握核心技巧，将达到文库霸屏的效果。

百度文库不允许随便发广告，并且没有一定经验基础的人很难发送成功，所以很多人在上传几次之后就放弃了。

我总结的上传百度文库的12个知识点：

1.多收集、整理与行业相关的资料（有下载需求的）。

2.不要直接留联系方式，但可以在文章里引导搜索。

3.文章标题要完整，最好植入常搜索的长尾关键词。

4.过滤掉敏感词以及直接的联系方式，能提高上传成功的概率。

5.以量取胜。

6.尽量发布高质量的原创内容，并且排版要简洁干练。

7.版面不用太长，2—4页即可。

8.浏览量、投票下载量会影响搜索排名。

9.做好文档描述、标签，这些有助于提升排名。

10.内容利他，做对别人有帮助且有价值的内容。

11.多养一些账号，有备无患。

12.在百度文库认证企业账号，更有利于推广。企业版百度文库，可以植入公司的名字、品牌的LOGO，能增强品牌营销属性。

四、百度经验上传的注意事项

百度经验是百度推出的互联网上的实用生活指南。在这里，我们可以找到许多经过实践检验的办法来解决现实中遇到的问题，也可以将自己的经验贡献出来让更多人受益。

百度经验是非常重要的平台，和上面讲到的百度文库一样权重很高、排名很好。同时，利用百度经验，在帮助别人的同时还能给自己带来粉丝。

在上传百度经验的时候，需要注意五点。

1.设置清楚准确的标题

为了便于其他用户理解,标题表述要清楚准确。

清楚准确的标题有以下几个特点:

(1)标题语句符合语言逻辑顺序。

(2)标题主题明确,不使用无意义或模糊的标题。

(3)标题内容和经验主题相符,能概括该经验的主题。

2.具有全面完整的文字内容

经验的文字内容是围绕该经验的主题进行详细描述和总结的,需要尽量全面、完整并具有可操作性和实用性。

(1)概述部分可以根据经验主题简洁全面地描述该经验的目的、方法、准备情况,等等。

(2)原料或工具部分对于一些实用操作的经验,需要清楚写明在操作经验过程中需要的工具和原料。

(3)步骤、方法部分是经验的主体内容,需详细描述操作中的每个步骤,尽量全面、完整,步骤清晰、条理清楚、符合逻辑,最好配有图片进行辅助说明。

(4)注意事项部分写在操作过程中特别需要注意的细节点。表达时应语言清晰。

(5)对于经验内容中需要特别说明的内容或者术语解释等,可插入新的栏目进行全面、仔细的描述。

3.配合美观详细的图片

图片是经验的重要组成部分,上传美观而且能反映出具体操作步骤的图片,会给经验增加说服力,达到图文并茂、事半功倍的效果。

美观详细的图片的特点:

(1)上传的图片要与经验的操作步骤或内容相符,能准确真实地辅助说明经验的文字内容。

（2）上传的图片清晰、美观，能够反映经验的操作过程。

（3）上传的图片若为转载图片，转载来源的LOGO不宜过于醒目，且不能遮挡图片反映的关键细节点。

（4）上传的图片不能含有机构名称、网站链接等具有广告嫌疑的内容。

4.拥有整齐美观的排版

排版能让浏览用户更直观、清晰地了解经验的内容和操作，能让经验的页面显得更加整齐，更易理解。

整齐美观的排版特点：

（1）步骤、方法栏目里正确地使用有序编号，经验的步骤顺序清晰、准确。

（2）对于没有前后顺序的步骤、方法，无须用编号进行编排。

（3）每个步骤、方法的图文排版整齐美观，不出现图文位置错乱或者不明确的情况。

（4）多图步骤中的图片排列要有间隔，整体排列美观且易于理解和接受。

5.辅以翔实的参考资料

我们应该尊重他人的劳动成果，如果有引用（包括文字和图片内容）一定要标明出处。参考资料应为经验内容或者图片的直接媒体来源，要与该经验内容或图片直接相关，有公信力、可查实。若有原作者，请如实在原作者一栏中填写原作者的名字，以免引起不必要的纠纷。

百度文库和百度经验都非常耗费时间和精力，没有耐心的话很难坚持做下去。如果你是互联网爱好者，想尝试操作，可以多花点时间研究。如果你是老板或者品牌创始人，不建议花太多时间在这上面，其整体操作难度很大，并且短时间内见不到效果。

五、分类信息发布注意事项

分类信息是布局当中占比非常重要的一环。因分类信息平台可以留联系方式，这点优于百度百科、经验、文库，能让精准客户轻松找到我们。其操作起来难度系数不高，很多都是直接注册后，点击发布就可以了。分类信息可以图文并茂地展示品牌、产品信息，还能给自己带来直观流量和潜在客户。

常见的分类信息平台：

百姓网

58同城

赶集网

口碑网

中国分类信息网

今题网

易登网

列表网

列举网

51搜了网

慧聪网

……

分类信息发帖注意事项：

1.标题与帖子内容需一致。我们在分类信息网上发布的帖子，其标题一定要与帖子的内容一致并且带上我们的目标关键词。

2.规避敏感词或敏感内容。在分类信息网站上发布帖子时，要规避敏感词或敏感内容，否则很有可能发布不成功，或者在发布之后被删除。

3.帖子内容言简意赅。大部分分类信息网站对帖子的字数有严格限制。所以帖子的字数不要太多，同时要能表达出核心内容。原创的帖子内容更有利于排名。用于新闻媒体布局的文章经过修改调整，也可以用来发布分类信息，并且会达到不错的效果。

4.可以留下联系方式。大部分分类信息网站是可以直接留下联系方式的，在发布的时候留意一下即可。

5.确保内容的真实性。发布者必须确保发布帖子的真实性。虚假的信息不仅容易被网站删除，甚至可能被其他用户举报、投诉，从而导致账号被封禁。

六、论坛发帖的12则注意事项

1.选择适合你的论坛。将一些适合你的论坛收藏起来，或者放在文档里，方便以后浏览。可以收藏参考那些与你行业相关的、人气高的、发帖审核宽松的、能放链接的、收录排名好的论坛。当然，也不一定非要具备上述所有特质，可以根据自己的实际需求进行探索。

2.个人头像、签名、昵称等要完整，部分平台可以在签名处留联系方式。

3.发布的帖子内容要有创意或者有价值。

4.可以通过回复别人帖子的内容留下你的足迹。

5.内容质量第一，切忌长篇大论地讲述没有用的东西。

6.标题要有吸引力。

7.内容可以尽量设置一些争议。有争议的内容更容易获得人们的留言。

8.适当顶帖，占据核心位置，增加曝光量。

9.员工执行力要强

10.学会借用发帖工具,达到事半功倍的效果。

11.同一个IP重复发帖容易被封号。

12.同一个账号不能发太多帖子,否则可能被认定有刷帖嫌疑。

七、论坛发帖步骤与平台选择

很多论坛的操作都大同小异,只需注册登录,之后按指示流程操作即可。下面就以天涯论坛和猫扑论坛为例,进行发帖操作说明。

(一)天涯论坛如何发帖

1.注册并登录天涯论坛(https://bbs.tianya.cn/)。

2.点击左侧选择我们想要发布帖子的版块,如区块链星球。

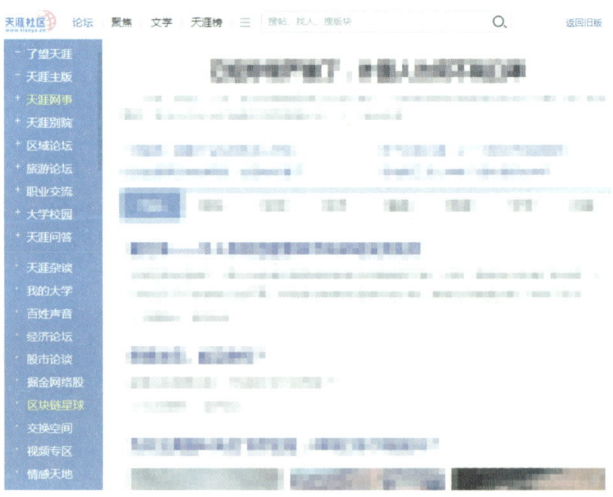

3.进入版块后,点击右上方的发帖按钮。

4.在弹出的发帖框中输入帖子的标题和内容,再点击右下角的发帖按钮,等待审核,审核通过即表示发表成功。

（二）猫扑论坛如何发帖

1.注册并登录猫扑大杂烩（http://dzh.mop.com/）。

2.点击右上角的发帖按钮，并选择发布帖子的版块。

3.在弹出的页面中输入帖子的标题和内容，再点击发帖按钮，等待审核，审核通过即表示发表成功。

各大论坛的很多操作基本都是一样的，我们要学会举一反三，只需把几个有代表性的平台研究清楚，就掌握了大多数论坛发帖的基本操作。

（三）如何寻找合适的论坛进行推广

在做论坛推广时，要寻找适合自己品牌或产品的论坛或论坛版块，这样有利于搜索引擎抓取我们推广的内容，从而提高被搜索引擎收录的概率。

1.寻找与品牌或产品相关的论坛

可以在搜索引擎上直接搜索品牌或产品所在的行业核心关键词，并加上论坛两个字。比如，减肥类的产品就可以在搜索引擎上直接搜索"减肥论坛"，从而找到一些不错的大论坛。

2.寻找论坛专区或广告专区

我们可以在搜索引擎中输入"by Discuz论坛专区"或"by Discuz广告专区"，这样就可以搜索出一些有专门品牌或产品推广版块的论坛。

3.怎么判定论坛的权重

如果这个论坛不常更新，PR值[①]和权重都不高，那说明这个论坛没那么活跃。在这样的论坛发帖，效果可想而知。那么如何判定论坛的权重高不高、活不活跃呢？需要用到站长工具。

具体操作方法：进入站长工具——爱站网：http://www.aizhan.com/，

---

① PR值即谷歌PR值，全称为PageRank，指网页的级别，取自谷歌的创始人Larry Page，是用来表现网页等级的一个标准，级别是0到10。

输入想查询的网站域名,点"综合查询"查看数据,即可获知该论坛的日均人流量和权重了。

八、博客推广的优势和营销技巧

做自媒体的个人,要有自己的博客做矩阵。做品牌的人,要通过博客的矩阵布局来打造品牌的IP,给品牌带来流量,以及舆论口碑。博客传播具有更大的自主性,并且无须费用,传播成本小。博客可以配合其他网络布局,多角度地为品牌进行全网布局,有利于长远利益和培育忠实用户。

(一)博客推广的优势

1.低成本营销

博客的收录和排名效果不错,对于整体品牌IP的打造和互联网布局有一定辅助作用,并且博客中还可以留联系方式,相对来说是成本更低的营销方式。

2.可以直接带来流量

新浪、网易、搜狐这些大网站的博客用户很多,如果内容有幸被推荐到了首页,就很容易为我们带来大流量。但是这几个网站对待上首页的文章审核比较严格,内容中带有链接的文章一般不会被推荐。可以使用东方网和十九楼这类审核较宽松的博客,文章被推荐到首页的概率比较大。

3.带来高质量的外链

新浪博客、网易博客、搜狐博客、天涯博客等博客本身权重比较高,只要做得好,排名很快就可以排到前面。这样的博客外链对网站权重的提高很有效果。如果文章足够吸引人而被大量转载,那带来的链接效果更不用说了。

4.带动网站收录和快照更新

即使每天更新文章，也未必每篇文章都能被收录，而且快照更新的速度也慢，这种情况下，用博客养站效果会好。我们可以在博客文章中加上网站内页的链接，因为搜索引擎对这些大网站博客的收录很快，这样可以带动网站文章的收录。

（二）博客营销的10个知识点

1.坚持更新

博客和网站同样需要更新。搜索引擎喜欢博客，是因为博客的更新率和原创率更高。坚持发稿，最好发布原创内容。

2.参与互动

评论和转发等互动的互动率高，会有提升排名的效果。互动是博客口碑营销的基本要素，因此需要坚持每天添加博客好友。一般更新文章的时候，好友博客中心会有显示，因此拥有更多的好友也就能轻易提高文章的曝光率，增加文章被转载的概率。除此之外，还可以依靠和博友及粉丝频繁互动，或者和博友一起举办活动的方式来增加博客的浏览量和人气。

3.多加圈子

大网站的博客都有博客圈。可以通过搜索网站关键词的方式加入相关的博客圈。每次发布文章的时候，同时也要将其推荐到博客圈。新浪和网易的博客圈比较火，人气比较高，而且一篇文章可以同时推荐到多个博客圈。搜狐博客圈人气虽然比较旺，但是一篇文章只能对应一个圈子。不过，被推荐到圈子的文章容易认定为精华，这样可以带来不小的流量，这其中就可能存在很多的潜在客户。

4.标题与帖子主题要一致

我们在博客上发布的稿件，标题一定要与稿件的内容一致，并且带上目标关键词。

5.规避敏感词或敏感内容

在博客上发布稿件时，一定要规避敏感词或敏感内容，否则很有可能发布不成功，或者发布之后被删除。

6.留下联系方式

大部分博客是可以直接留下联系方式的,这也是我们获取直接流量的一个方式。

7.确保真实性

必须确保稿件内容的真实性。虚假的信息不仅容易被系统删除,还有可能会被其他用户举报、投诉,导致账号被封禁等情况出现。

8.完善个人账户资料

运营博客,拥有完善的个人账号资料是最基本的要求。完善个人账号资料信息,有助账号权重的提升,且主账号最好进行实名认证。

9.文章需要提供价值

拥有高访问量的关键是拥有高质量的内容。博客的内容决定了博客的价值,你可以通过博客内容分享你的品牌故事,也可以植入软文、分享干货、提供价值技巧等。真正的博客营销是靠原创内容打造出来的,其依靠专业化的内容吸引来的读者,培养忠实的读者,在读者群中建立信任度、权威度,形成个人品牌,进而影响读者的思维和购买决定。

10.博客矩阵思维

目前,很少人会养大量的博客账号。但是利用大量博客账号影响,有可能会达到不一样的营销效果。个人或品牌如果想通过博客带来不错的营销效果,批量操作、矩阵式布局是一个不错的选择。

比如,我们可以用产品的长尾关键词,以及行业的长尾关键词来命名博客。博客名字的权重是最高的,比文章的标题权重高出许多,所以一旦被收录,就会有非常高的排名。

站在百度布局排名的角度来说,养几百个账号是一个不错的布局方式。它们能带来长时间的排名,能带来源源不断的流量。此外,我们还可以配合知名博主转发、让媒体博客和名人博客帮助宣传的方式辅助布局,营销我们的品牌。

第五章 品牌营销之口碑问答类布局平台

一、酒香也怕巷子深，口碑营销帮助企业打造好口碑

品牌的建设往往从问答开始，在问答之间打造品牌IP，形成口碑传播，从而扩大社会影响力。

自夸不如人夸，口碑营销，其本质就是积累好评和好感度，让客户替商家免费宣传，营造氛围印象。

与其他营销方式相比，问答营销更有针对性，并且能与其他网络布局达到一个互补作用。

口碑营销的重要作用：

1. 引导成交
2. 引流
3. 打造品牌IP
4. 增加核心竞争力
5. 进行产品说明
6. 使产品或品牌更有温度
7. 解除潜在客户抗拒点
8. 打造好口碑
9. 扩大知名度
10. 带来潜在客户

11.降低解释成本

12.打造品牌信任背书

……

有的问题，你不去布局，你的竞争对手也会"帮"你布局。

口碑营销，你不去做，而你的竞争对手在做。

很多潜在客户在选择你之前，会上网搜索与你有关的信息，寻找他想要的答案。问题答案，很可能能决定他是否要和你合作。在网上搜索与你有关的信息，对客户来说是一个自我确认的过程。因此，在网上提前布局出客户喜爱搜索的问题的答案至关重要。

根据人们的搜索习惯，以及客户的抗拒点，还有从我们服务客户的过程中总结的经验，给大家列举几个客户关心的问题：

1.产品好不好？

2.产品行不行？

3.公司是不是骗子？

4.产品是不是三无产品？

5.产品有没有副作用？

6.产品或品牌怎么代理？

7.产品什么价格？

8.关于产品或品牌的好评和差评都有哪些？

9.品牌创始人是谁？

10.品牌的联系方式是什么？

11.生产厂家在哪儿？

12.公司有没有实力？

13.公司培训体系是否完善？

14.品牌适不适合创业？

……

客户质疑商家是人性使然。如何解答他的疑惑？如何通过问答辅助成交？如何通过问答建立信任背书？如何通过问答辅助招商裂变？如何通过问答，24小时在线回答潜在客户的各种问题？以上这些问题都是商家应该关注的问题。

在酒香也怕巷子深的时代，口碑营销是重中之重，它是一个品牌存活下来的重要标准。口碑营销能给企业或者品牌带来深刻影响。

口碑问答，有问有答，除了提问之外，还可以回答客户或者同行提出的问题。大部分问答平台都有很好的权重和排名，比如百度知道、知乎、360问答、太平洋问答、搜狗问答等，这些平台的权重很高，当你搜索答案时，排在前面的搜索结果基本都有对这些问题的回答。

我刚创业的时候，95%以上的客户来源于网络，其中口碑问答是最大的立功者。现如今，口碑问答平台依然起着至关重要的作用。

友情提示：

1.发布的内容要真实、有价值，以提供价值为核心，不应散播虚假信息。好的产品或品牌口碑要具备过硬的品质、优质的服务。切忌夸大宣传、虚假宣传，更不要违规宣传，这些都可能面临违反广告法的风险。要注意尺度，不要得不偿失。

2.口碑营销能带来红利,也能带来"地狱",如果被竞争对手利用,可能会带来负面的打击。

二、口碑问答的一些参考问题

在做口碑问答营销时,首先要关注的是如何提问。

提问就是挖掘问题。会提问,问答营销就解决了一半。但如何制造问题是很多初学者最头疼的事情。

如何更好地组合挖掘问题呢?为了给大家一些启发,我把我们团队实战布局总结的150个参考问题的关键词分为21大类,供大家参考。大家可以根据这21类关键词编写问题,也可以将其进行组合使用,或者举一反三。

1.产品篇:产品组合、成分、配方、功效、功能、效果、说明书、包装、原理、禁忌、副作用、介绍、有哪些产品、是什么、反弹吗……

2.质疑篇:是真是假、有没有用、有效吗、三无产品、骗子传销、危害、怎么样、诈骗、有作用吗、真能××吗、是正规的吗、真的有用吗、安全吗……

3.代理篇:总代分享、代理案例、如何招代理、代理赚钱吗、代理门槛、代理旅游、几级代理、如何加盟……

4.老大篇:老总、创始人名字、团队老大、总经理、运营总监、操盘手、商学院院长、××多大、××创始人的微博……

5.价格篇:价格表、价格表图片、出厂价、代理价格、拿货价格、进货价格表、价位、一套多少钱、价格查询……

6.合作篇:招商、利润空间是多少、××的百度霸屏是和谁合作的、××和××是什么关系……

7.销售篇:哪里有卖××的、怎样购买××、正品售卖……

8.联系方式篇：地址、电话、咨询电话、微信、××的厂家、产地、在哪里产的、厂家地址……

9.售后篇：怎么使用、怎么用、使用方法、用量、如何使用、使用步骤、售后、注意事项、使用时间、使用图……

10.官方篇：官网、官方网站、官方联系方式、官方微博、由来、总部电话。

11.打听篇：有人用过吗、谁用过、有人听说过吗、好不好、好用吗、可以喝酒吗、超市有卖吗……

12.公司篇：招聘吗、宣传片、官网、公众号、App、上市、商标、简介、合法、专卖店、授权、LOGO……

13.发圈篇：朋友圈素材、朋友圈说说、朋友圈语录、发圈文案、朋友圈软文、××凭什么火爆朋友圈……

14.团队篇：做××如何搭建团队、如何引流……

15.事业篇：挣钱、赚钱、能否把××当微商事业来做、××赠送流量是真的吗、××是什么模式……

16.反馈篇：××的反馈、评论、使用视频、多久见效……

17.地区篇：北京、上海、广东、深圳、浙江省……

18.延伸篇：论坛、视频、知乎、贴吧、淘宝、新闻、专访、照片、课件、培训、旅游、直销吗……

19.关联篇：品牌相关的同音字或谐音字。

20.培训篇：培训体系、商学院老师、百度霸屏、IP打造、引流辅导……

21.同行篇：和××有什么区别、和×××哪个更好用……

可以根据以上关键词创作与你相关的提问标题

例如：

××品牌如何代理？

××品牌有人用过吗？效果怎么样？

××的产品的创始人是不是×××？

××产品是什么成分？有没有副作用？

××产品批发价多少钱？

……

四种常见的制造问题的方式：

1.参考上述内容

2.参考竞争对手的问答内容

3.找大的品牌或者明星给你启发

4.找专业团队帮助编辑

我们一般应按照用户的搜索行为去编写问题。用户在搜索引擎中搜索信息时一般是用短语词组的形式，因此我们在编写问题的时候要考虑如何更加接近真实用户的口吻。可以向客户收集一些真实想法和问题，之后进行汇总。当然，在编写问题的过程中还要符合搜索引擎的规则，不要让呈现的内容给别人一种"自问自答"的感觉，要保证你的问题可以最大程度地得到高频次的展现，使得营销效果最大化。

三、布局口碑问答的10个技巧

布局口碑问答平台的难度逐渐升级。我们根据学员的反馈，将大家关心及常见的问题，汇集出10个知识点供大家参考：

1.回答的内容要有可读性。

2.回答里面尽量带上品牌或产品的关键词。

3.回答的内容要与提问的主题相关。

4.内容以提供价值、给予帮助为核心。

5.文中的营销内容需合理过渡，不可强硬、突兀地打广告。

6.配合文案进行宣传。

7.问答平台的账号等级会影响营销质量，所以要根据平台规则合理养号。如果想要达到矩阵效果就多养号。

8.回答的时候不要长篇大论，要简洁干练，直奔主题。

9.新手不建议直接带联系方式。

10.如果想带联系方式，可以将读者引导至某个关键词。

总之，建议站在第三方用户的角度和潜在客户的角度回答问题。比如，在编写回答问题时，以"我用过""我听过""我闺蜜用过"等第三方见证的口吻进行说明，切忌自卖自夸。有个理论叫羊群效应，当大家都说这个产品好的时候，那么还没有买的人就会因从众心理而选择购买。

回答的内容应该有让潜在客户看完之后，感觉品牌的关注度高，口碑不错，有实力的效果。编写过程中要懂得扬长避短。内容中最好带有客户反馈的视频、好评截图等，增加说服力。

四、百度知道营销的38个知识点

在做百度知道的过程中有以下38个知识点可供参考了解：

1.多养账号。

2.新手不要急于留联系方式。因内容含有联系方式而导致帖子被删、账号被封是常事。

3.新手一定要先了解平台的规则，认真遵循。

4.同一IP自问自答容易封号。

5.一个账号不要回答太多问题。

6.在设置问答的时候，可以今天提问，明天回答，后天或者隔几天再采纳回答。

7.为了避免不必要的麻烦,可以设置隐私,以匿名的方式提问和回答。

8.通过正常操作的方式培养账号权重。如果你的行为使百度判断你为营销号,平台将会封杀你的账号。

9.培养账号期间要参加百度的任务,积累额外经验。

10.账号等级在5级以上时能回答更多问题,并且不容易被删帖。

11.一个账号一天回答1—2个问题即可,言多必失。几个账号可以循环使用。

12.自己的账号不够用时,可以找别人互助。

13.不同问题的回答内容不要大量重复,否则很容易被检测为恶意营销。

14.两个IP长期相互问答也容易系统被删除。

15.习惯清空浏览器缓存、cookie[①]等信息。

16.内容尽量原创,并且可读性强,排版清晰。

17.质量为王,能站在提供价值的角度,帮别人解决问题或者提供有用的信息。

18.各类敏感词都应避开。

19.用好追问追答功能,可以提升营销效果。

20.点赞和评论互动,利于排名。

21.悬赏可以提高关注度。

22.长尾关键词布局,以及站在用户的搜索习惯来维护你的口碑问答。

23.多用一问三答的模式。

24.内容要能赢得认同。口碑比流量重要。

25.参考同行的内容会给你很大启发。

26.标题决定了问题的排名,要注意核心关键词。

27.提问里可以植入品牌信息。

---

① cookie:指某些网站为了辨别用户身份、进行跟踪而储存在用户本地终端上的数据(通常经过加密),可以叫做浏览器缓存。

28.回答的内容要和提问的主题相呼应。不要跑题，不要啰唆。

29.利用好提问时候的补充说明，丰富剧情，注意真实体验感。

30.以第三方或者真实用户的身份引出自己的产品比自吹自擂要容易让人信服。

31.回答尽量客观，有据可依更好。

32.适当插入图片吸引眼球，增强可读性。

33.勤更新，以量取胜。

34.不要违法违规，不要虚假宣传。

35.主账号需要经过认证，规范使用。

36.使用外包，事半功倍。

38.可以与相关信息群中的群友互助，但注意防骗。

"世界很复杂，百度更懂你"，百度知道的搜索模式是用户自己有针对性地提出问题，通过积分奖励机制发动其他用户来解决该问题。同时，这些问题的答案又会进一步作为搜索结果，提供给其他有类似疑问的用户，达到分享知识的效果。

如何在百度知道回答同行及潜在客户的问题？

1.点击我要提问，进入到提问界面：

https://zhidao.baidu.com/new?word=&ie=GBK&entry=common_header

2.通过"在问"版块寻找别人正在提问、我们可以参与回答的问题：https://zhidao.baidu.com/list?fr=daohang

3.点击我的兴趣旁边的"＋"。比如，你想回答别人提问的"微商"相关话题，那么在兴趣筛选里输入对应关键词，点击"搜索"，就会出来别人最近提问并且很少有人回答的问题。在推荐兴趣的输入框里输入你感兴趣的标签，这样以后就会给你推荐相关的最新问题，让你有选择性地回答。我设置了"百度""微商""引流""网络营销"这几个标签，系统现在经常会给我推荐具有这几个关键词的网友提问。

只要你足够勤奋,并且方法得当,你可以参与很多别人的提问。另外,你也可以通过替换长尾关键词、近义词、行业词的方式来挖掘更多你可以回答的新问题。你还可以通过加入百度知道合伙人的方式,全面赋能机构,提升品牌价值。

五、贴吧营销的17个知识点

贴吧营销和问答营销有很多相通的地方,包括标题、内容等。

贴吧也是一个打造口碑、塑造品牌价值的好平台,是一个引流圣地,不仅如此,贴吧也是很多品牌引导舆论的战地。

贴吧营销时需要注意的点:

1.标题和帖子内容要有趣且有用

2.利用小号顶帖互动

3.团队矩阵布局,效果绝佳

4.可以利用账号ID留下联系方式

5.贴吧留言带联系方式会比知道、问答容易很多

6.注意违禁词和内容，任何平台都一样

7.贴子可以插入视频

8.看贴吧规则以及吧主公布的规则，不要在风口上搞营销

9.只要符合平台要求，初学者也可以创建品牌贴吧

10.签到、活跃，提升账号等级

11.真诚交流和分享价值，不要只想着营销

12.成为吧主可以获得更多特权，方便维护品牌贴吧

13.帖子加精和置顶能让效果放大100倍

14.利用好楼层回复，增加曝光量

15.开通会员增强营销效果

16.利用多账号操作，一天发帖、回帖1000帖以上

17.借用好贴吧工具，可以事半功倍

六、知乎问答营销的优势和技巧

说起问答营销平台，知乎不得不提。

知乎很讨厌恶意营销，因营销原因而被封号是常见事情。知乎曾经发布《恶意营销号专项整治行动公告》，对相关违法违规的内容和账号进行集中清查和严肃处理。如今，知乎平台对恶意营销类的内容审查越来越严厉。如果你是初级选手，建议好好做内容，以提供价值为主，不要想着投机取巧。

1.站在用户角度去提问题。要能通过相关数据知道用户的痛点，根据痛点提出有针对性的问题。

2.要按照用户的搜索行为提问题。用户在搜索引擎中搜索信息时，一般采用短语词组的形式。因此，我们在编写问题的时候要考虑如何更接近真实用户的口吻，更符合搜索引擎规则，保证你的问题能在最大程度上得

到高频次的展现。

3.及时回答问题，注意用不同的角色和口吻去回答所提出的问题。

4.不要答非所问。回答要能解决用户的疑问，不要生硬地打广告，否则，广告数量过多，你将会直接进入黑名单。

5.在问问题、补充问题、最佳答案等地方自然地融入关键字，这样有助于被潜在用户搜索到，也能提高回答的相关性，更有利于搜索引擎排名。

6.当我们编辑问题、提交问题、回答问题后，要经常看看相关的数据情况，比如浏览次数、点赞次数、其他人怎么回答等。多使用点赞、评论等互动方式，这些关乎问答的自然排名。

七、其他问答平台概括与优势介绍

问答平台有很多，除了前面讲到的百度知道和知乎外，还有搜狗问问、太平洋问答、360问答，等等。问答平台都大同小异，玩法差不多，结合前面提到的知识，注册、提问、回答问题即可。

1.搜狗问问

搜狗问问是一款互动问答产品，知名度和权重度都很高。相关问答只要通过搜狗问问的审核，收录率都非常高。因此，搜狗问问口碑问答营销的应用非常普遍，对于提升品牌形象大有帮助。

2.新浪爱问

新浪爱问是新浪自主研发的搜索产品，充分体现人性化应用的产品理念，为广大网民提供搜索服务。爱问致力于打造真正可以帮助广大网民解决问题的服务。爱问的宗旨是用户可以在这个平台上无所不问，而爱问的最终诉求则是做到有问必答。新浪爱问为用户提供发表提问、解答问题、搜索答案、资料下载、词条分享等全方位知识共享服务。

新浪爱问相对其他问答平台来说，最大优势在于可以通过缴费以及续费的信息流广告进行口碑营销。新浪爱问的广告形式有很多种，PC端每个页面的广告位有5个广告位，包括广告主最喜欢的顶部横幅、企业品牌信息公示、右侧广告框、底部广告条幅等多种模式，并且这些位置都可以放置超链接，从而为广告主提供超高的转化率。

新浪爱问知识人互动问答平台的营销兼具互动性、广泛性、针对性和可控性，这些特点可以帮助品牌实现精准营销、快速建立良好口碑、迅速提升品牌可信度、提高网站搜索引擎排名等目标。

3.360问答

360问答是360搜索旗下的产品，由用户有针对性地提出问题，并由问答本身的奖惩机制来发动其他用户解决问题。这些问题的答案之后会进一步作为搜索结果，提供给其他有类似疑问的用户，达到分享知识的效果，以此营造"你问大家答"的良好网络知识氛围。并且，依托奇虎360强大的安全技术支持，360问答在"反作弊、反广告、反垃圾"方面一直成绩显著，为用户打造了一个干净、安全、可靠的问答环境。

4.其他问答

除了前面讲到的问答平台之外，其他不错的问答平台还有天涯问答、百姓问答和太平洋问答，等等。

我们做口碑问答时，一般是抱着"用我们的产品解决你的问题"这一目的。问答营销的核心目的，是通过品牌口碑的反复宣传，带动消费者购买。如果你今天做一条，明天就有询盘，后天就能转化，建议你赶快放弃。

第六章 品牌营销之视频类布局

一、视频营销的优势

视频更有利于搜索引擎的优化,只要设置好对应的关键词、标签等SEO属性,就会在搜索引擎结果中获得较好的排名。相对文章而言,搜索引擎对视频的排名更友好一些。

1.成本低廉

相比传统电视广告动辄投入几百万元、上千万元的广告费用而言,视频营销成本低廉。一个好的创意,一般只需要几个员工就可以通过短片的形式呈现出来,随后放到视频网站上进行免费传播。

2.目标精准

视频营销与传统营销方式相比,其最大的不同就是能比较精准地找到品牌想要找的那群潜在消费者。

3.展现效果好

在文字、图片、音频、视频这四种形式中,视频将另外三种形式都涵盖了,它将文字、图片、声音这三者更加立体地展现出来,形式丰富多样,能影响人的情绪,引起用户的情感共鸣。

一个内容价值高、观赏性强的视频,能在让顾客全方位了解你产品同时,也占有他们的心智。

4.互动+主动

视频营销具有很强的互动性,互动性对于互联网营销来说是很重要的。

发布视频的时候，给视频取一个好标题很关键。好的标题可以引起用户的兴趣，并促使用户进行评论转发，增加互动性。很多人还会把他们认为有缺点或者认可的视频转到自己的博客或其他社交平台中去，让视频进行主动性的"病毒式传播"，这一优势是传统电视广告所不具备的。

5.复制难、传播快

大家都知道，在网络营销中把所发布的信息变成完全属于自己的产品才是王道。而文章、图片都可以轻易被他人复制，视频只要在其中打上网站信息或者品牌LOGO，别人就很难复制了。同时，视频转发非常方便，我们只要将视频的网址进行分享，通过其他网络渠道转发就可以进行二次快速传播。

以上内容所说的视频营销，更多针对的是站在搜索引擎的角度去布局品牌以及产品或者个人的视频。搜索引擎排名效果比较好的爱奇艺视频、腾讯视频、优酷视频、B站、搜狐视频等视频平台，和抖音、快手这种短视频平台的布局还是有区别的，读者要自行区分。

二、视频发布的渠道和排名技巧

我们之前给沸点天下的勇哥上传"微商春晚"的视频，得到了勇哥的超级好评（图6-1）。勇哥像绝大多数网友一样，没有足够多的账号来布局，同时，发布的视频也没有什么排名。因此，如他所说，"专业的事情交给专业的人来做"，他将布局工作交给了我们，收获了令他惊喜的回报。

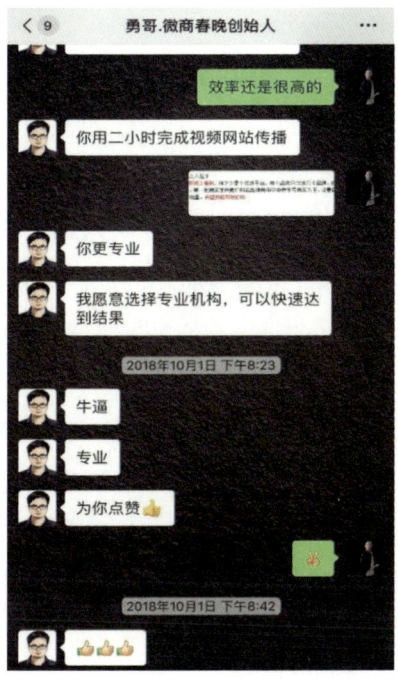

通过大量的实战经验,我们总结了一些视频排名布局的方法和技巧。

(一)准备视频内容

准备品牌方愿意拿出来分享给网友的视频即可,如产品视频、公司视频、宣传片、创始人演讲视频、颁奖视频、客户反馈视频、大咖推荐视频、大会活动视频。

(二)视频发布渠道

发布常见的在线视频平台即可,如爱奇艺、腾讯视频、搜狐视频、B站、优酷、土豆、56、芒果TV等。

(三)视频布局排名的技巧

标题和标签是影响视频排名的重中之重。除此之外,就是以量取胜了。

1.视频标题

视频的标题就相当于女孩子姣好的脸蛋,长得好看才会有更多的人进行关注。视频内容也是同样的道理。视频标题多是针对搜索引擎的排名来设置,需要围绕核心关键词进行撰写。撰写中有两点需要注意:一是标题必须能清楚地介绍本视频的大意;二是必须对标题做好优化。在保持语句通顺的前提下,尽量把搜索视频的关键词位于句首,并且尽可能重复一到两次。

2.视频标签

标签的目的在于增加视频的被浏览概率。标签除了可以提高关键词的排名之外,还可以使视频出现在其他相关的视频页面或结束视频时的推荐内容里,因此设置合适的标签是视频优化中必不可少的技巧。一般可以设置5个标签,可以设置相关长尾关键词或者主关键词的近义词。

3.视频分类

必须选择最适合自己的视频类别,以增加被潜在用户找到的可能性。

4.视频简介

视频的简介可以理解为视频内容的简单介绍,其中应包含目标关键词,内容不宜过长和冗繁。建议用一句精练短小但富有吸引力的话语描述视频内容,最好在视频简介中留下一些悬念,这样可以引导用户进行点击播放。

5.视频封面

很多人认为视频的封面缩略图是固定、不可修改的,其实不然。我们可以自己设置视频的封面。如果我们不设置视频的封面缩略图,那么视频平台会随机在视频中截取某一画面片段。一个优质、高清的缩略图可以吸引到很多网友的眼球,从而引导目标客户点击播放。

6.大量上传

在满足前面几条技巧后,大量上传视频便是获得百度以及其他搜索引擎排名的绝佳方法。包括做相关营销业务的人,很少有人养500、1000个账号,因为有能力去打理这么多账号的人很少。但也正因为很少有人去做,如果你做了并且做成了,那么就能在这方面超越大部分的人。如果你没有时间和精力去批量发布视频,没有精力自己养号,那么你可以从网络或其他平台外包其他专业团队进行相关操作。

批量发布视频常用的4种方法:

1.在淘宝外包

2.在猪八戒外包

3.找专业团队外包

4.自己上传(多养号)

上面讲的是百度搜索引擎中比较友好的视频发布平台,这些平台不像短视频平台那样局限,这些平台不限制视频的时长,只要不存在违规内容,就可以上传进行排名。

在这里告诉各位读者,除了站在品牌的角度去布局品牌的IP外,也要站在利他的角度提供价值,分享有价值的视频。

三、视频上传发布失败以及视频不收录的原因

(一)视频上传及发布失败的常见原因

1.视频上传失败

(1)网络中断:上传过程中,网络出现中断导致上传失败。

(2)视频格式错误:上传的视频不符合平台对视频格式的要求导致上传失败。

(3)转码出错:上传视频过程中视频转码出错导致上传失败。

2.视频发布失败

(1)留有联系方式:视频内容被检测出留有联系方式。

(2)具有敏感内容:内容涉及敏感内容,比如涉政、涉黄、涉暴等。

（3）存在版权问题：视频中有些内容可能侵犯了其他作品的版权。

（4）违反广告法：视频中的广告内容存在夸大、虚假宣传等问题，违反广告法。

（二）发布后的视频搜索引擎不收录的原因

1. 发布视频的账号权重不高或账号被降权。
2. 发布视频的平台在搜索引擎中的权重不高。
3. 不是原创视频，可能是直接搬运了别人的视频。
4. 视频内容不能满足用户需求。
5. 用户体验不佳，视频浏览量低，跳出率高。
6. 视频标题关键词、视频简介、标签等没有设置好。
7. 视频标题关键词、视频简介、标签堆砌。
8. 视频质量差，被搜索引擎拉黑。

视频在上传发布的过程中一定要遵守平台的规则及国家的法律。坚持做有价值的原创视频，给用户带来良好的观看体验，解决客户的需求。同时，在视频布局的过程中使用一些常规的SEO排名技巧，就能在搜索引擎获得良好的排名。

第七章　品牌营销之图片类布局

一、让有价值的图片有处安放

好的图片可以直观展示我们要表达的内容。很多人喜欢在朋友圈发图片，然而朋友圈是封闭式的，只有好友才能看见，再好的图片也只能小范围地进行传播。而百度是开放式的，所有人都可以搜索到你的内容。那么，怎么才能把朋友圈里的图片搬到互联网上并且被搜索引擎收录呢？

首先我们要知道，搜索引擎是通过爬行和抓取网页的图片关键词和标签来确定图片的内容。我们的图片如果想要被搜索引擎收录，就必须让搜索引擎读懂图片表达的是什么意思、关键词是什么。搜索引擎不会主动让用户上传图片入口，所以我们要主动提炼图片的核心关键词。

下面分别针对官网图片收录和非官网图片收录两方面，对图片的收录技巧进行介绍。

（一）官网图片收录

1.设置ALT标签[①]

因为我们对自己的官网有代码和标签的操作权限，所以可以在官网上对我们想要被百度收录图片的ALT标签进行设置。一般来讲，图片的ALT标签都是根据图片内容提取的简短且核心的词。比如，图片是某款护肤品

---

① alt标签是网站代码的图片代码中的一个标签。

的成分介绍或者功效介绍,那么我们的图片ALT标签就可以写成"某某护肤品成分"或者"某某护肤品功效"。图片的ALT标签在网站上是看不到的,这个标签的功能就是让搜索引擎在抓取该图官网信息时为搜索引擎提供图片说明。

2.添加图片注释

我们可以在文章中图片的下方添加一段描述图片的词或者语句来对图片进行说明。比如,图片是某款护肤品的成分介绍或者功效介绍,那么我们图片的注释就可以写成"某某护肤品成分"或者"某某护肤品功效"。添加图片注释的目的是为让图片和注释相关联,也为了让搜索引擎获得图片的内容信息。

(二)非官网图片收录

我们在其他平台发布文章时,往往不能设置ALT标签。那么我们只能通过图片注释的方法让图片尽可能地与关键词相关联,并让搜索引擎收录。

注意事项:

1.图片必须与页面内容紧密相关(该图片ALT标签与该页面主关键词关联度高)。

2.图片最好是原创的。

3.合理使用图片ALT标签,提炼出图片的核心含义。

二、百度图片收录的技巧方法

图片被百度图片收录,一般和以下这七个因素相关:

1.图片与内容具有相关性

图片需要与页面的标题及主题高度相关,图片与页面或文章的内容越相关，就越容易被收录。

2.图片具有原创性

图片需要有高度的原创性。主流搜索引擎抓取图片时都会与其数据库中的其他图片做对比。如果对比结果显示图片原创度不高，就有可能被搜索引擎的算法排除掉，而不予收录。

3.图片ALT标签设置到位

一般来说，图片的ALT标签都需提炼出图片的核心含义，与页面或文章的主题高度相关。如图片是介绍产品的相关参数的，那么该页面或文章也应该是介绍产品的，这时图片的ALT标签我们便可以设置为：某某产品参数。

4.图片的比例符合要求

图片的比例也是影响搜索引擎收录的一个重要因素，我建议使用121∶75比例的图片。这个比例的图片不管放在PC端还是移动端，都能给用户带来较好的阅读体验，用户体验也是影响搜索引擎收录的重要因素之一。

5.图片清晰度高

建议使用清晰度高的图片，清晰度高的图片也能给用户带来好的阅读体验。

6.注意发布平台权重

发布的平台对图片的收录速度也有很大的影响，高权重的网站更容易被收录，而且收录速度较快。当然这并不是说我们的图片不会被低权重的网站收录，只要我们把上述的部分做好，收录就只是时间的问题。

7.量变促成质变

如果你没有掌握到太多好的图片排名方法，有一条一定很好用，那就是把你的软文大量发布在高权重媒体平台。文章中插入的图片一般很快就会被百度收录。当然运用一些基本的SEO技巧，提高文章的质量与原创性，便会有更好的收录效果。

第八章 品牌营销之自媒体类布局

一、常用到的自媒体平台

在整体网络布局当中,自媒体的力量不容小觑,并且是品牌必选的一条道路。自媒体的平台有很多,比如微博、公众号、百家号、今日头条、搜狐号、企鹅号等。不管你是品牌方还是个人,每个人都是一个自媒体,一定要借助现有的一些平台完成自己的自媒体矩阵。

百度不收录的平台——今日头条

因为今日头条屏蔽了百度收录,所以只有打开今日头条客户端才可以从内部通道浏览站内的内容。不过,这并不意味着今日头条没有流量。因为每个人的阅读习惯和获取信息的方式有所不同,今日头条以此研发了一套强大的算法机制,使得其文章推荐量极其惊人,让优秀的文章可以很快突破10万以上的阅读量。

17个收录比较好,并且排名也不错的自媒体平台:

1. 百家号
2. 搜狐号
3. 简书
4. 创头条
5. 企鹅号

6.新浪看点

7.凤凰号

8.新浪微博

9.网易号

10.知乎号

11.豆瓣号

12.北京时间

13.东方财富号

14.中金在线号

15.小红书

16.趣头条

17.新浪博客

这17个平台大家可以挨个注册体验一下,每个平台都希望用户发布原创且有质量的内容。我们体验后认为百家号和搜狐号是排名效果最好的,并且它还能将文章当新闻源收录。

另外,个人账号在百度上没有排名的自媒体平台有微信公众号、今日头条、大鱼号、一点号。

大家可以根据需要来布局这些自媒体平台。如果是个人做自媒体矩阵,只要重点挑选3—5个平台着重更新维护即可;如果想要通过自媒体平台在短时间内有大量的排名效果,可以外包给做账号的专业团队来发布。

二、运营百家号的10个知识点

百家号作为百度旗下的自媒体平台,在百度搜索时有着天然的排名优势。我个人认为,百家号的权重仅次于百度百科。很多媒体机构纷纷入驻百家号,使百家号也担当了新闻源的重要角色。对于个人来说,在百家号发布文章排名可以很靠前；对于品牌网络布局来说，和拥有多家媒体的百家号合作发稿可以快速得到大量的排名。

运营百家号布局时的注意事项和知识点：

1.注册名字时不要带联系方式。

2.绑定头条号、公众号，方便后期辅助原创认证。

3.创作内容时站在排名的立场，标题要带核心关键词。

4.内容要与主题相关，文章的开头和结尾尽量提到主关键词。

5.更新文章的时候，内容应力求原创。

6.内容为王，提供价值。

7.不能发布夸大、虚假信息。

8.账号等级越高，获得曝光以及推荐的机会也越多。

9.分享、收藏、评论多的内容更容易被推荐。

10.媒体号也可以合作发布，因此媒体号权重更高，排名更靠前。

第九章　官网SEO

一、做SEO的注意事项

做SEO时需要注意以下事项：

1.不做违法违规的内容，要符合国家的法律、法规、道德观念。

2.不夸大自己的本事，答应的事情要做到，否则不要随便承诺。

3.不扰乱市场，不欺骗客户，诚信工作。

4.不要恶意攻击别人，对事认真负责。

5.拒绝黑帽SEO行为。黑帽SEO是作弊的意思。黑帽SEO手法不符合主流搜索引擎发行方针的规定。

6.具有责任观念。为读者负责，为品牌方、服务方负责，传播社会正能量，具有强烈的使命感和责任感。

7.不夸大文章内容，不夸大产品内容。不生产粗制滥造、质量低劣的文章。

8.拒绝成为江湖骗子。还没有出师，就不要装大师。对你来说，你只是在做一个业务，而对品牌方来说，这是他努力维护的事业。因此，没有本事就不要耽误企业推广的最佳时间。

9.不诋毁对手，不做不利于竞争对手的行为。

10.爱岗敬业，尽到对服务对象保密的责任。诚信服务，不损SEO的职业形象，维护自己的职业。

11.做到尊重、谦卑、谦虚、热情、诚恳。

我做网络布局10多年了，见过形形色色的老板以及网络服务商。在这里呼吁各位同行们，以身作则，严格律己，多为行业做些正能量的事情，维护行业的形象。

二、解析SEO不是免费的

很多人都认为SEO是免费的，其实并不是，SEO也有很多成本需要付出。但这里说的成本并非指付给其他公司帮助优化网站的服务费用，而是指其他一些成本。

1.人力成本

一般来说，网站只要大规模优化一次，以后再小幅度修改即可，因此在优化方面的人力成本可以算作前期投入。但是外部连接建设、网站流量跟踪、SEO策略更正、发现热点、专题建设、遇到问题时分析原因等这些工作，都不是能够一次性处理好的，都需要常年进行，这些问题就必然需要有专门的SEO人员负责。对一些大网站来说，可能后期需要一个SEO团队，工资、办公租金、管理成本等人力成本往往比外部服务费高很多。

2.时间及机会成本

SEO做流量是需要一段时间的，尤其是做新网站。不要指望几个月内有很好的流量，SEO显现预期效果甚至需要半年到一年的时间。但网上的机会稍纵即逝，半年、一年后，也许早就错过了最佳布局时机，那时损失的就不单单是人工成本了。

3.失败风险的成本

最终是否有效果也是SEO的一个风险成本。搜索引擎不是我们自己家的，谁都不能百分之百确定做了SEO就一定有排名和流量。市场上有很多失败的案例，投入了时间、人力、精力、服务费，最终却没什么效果。

SEO和SEM是不同的，SEM只要花了钱就一定有流量，但SEO经常做了以后也没有效果。在这种情况下，使用百度霸屏整合营销、SEM、信息流广告、口碑传播等要比SEO划算得多。

4.SEO成功风险的成本

就算通过SEO得到了很好的流量，也可能出现过度依靠搜索引擎流量带来的风险。一旦搜索引擎因为某种原因改变算法，只要会产生任何惩罚，就可能造成流量急剧下降甚至消失的现象。如果没有点击流量和直接访问流量作为平衡，那对网站来说，这可能是一个致命的打击。因此，除了搜索引擎的流量，我们还必须花费更多精力去开拓流量来源，千万不可过度依赖搜索流量。

站在网站的角度来布局优化和排名，相对来说时间成本占比较多。做网站不能快速实现百度霸屏，但百度霸屏里往往会涵盖网站。

第十章 外包思维——一切可以外包

一、老板思维：借力不费力

在网络布局这条路上，并不是学习得越多越好，因为会的东西越多，老板的注意力可能越容易被分散。有的老板因为会的东西太多，反而限制了自己的发展。有句话说，注意力在哪里，结果就在哪里。老板应该做自己应该做的，如果网络发帖的事情都要亲力亲为，想必企业也很难做大。老板思维，就是懂得杠杆力量，能够四两拨千斤，将专业的事情交给专业的人，把重要的时间放在重要的事情上。

我们经常说，"创业、做大事一定要懂得借力"，也总是说"用别人的智慧成就自己的事业"。道理似乎人人都懂，可做起来却没想象中那么容易。

借力的思维可分为3个维度：

1.借助人

人，指的是人才。一个老板要懂得收罗人才，如果任何事情都亲力亲为，就算一天有48小时也不够用，更别谈找时间在战略上做布局了。人才可以是自己手下的人才，也可以是外包的专业团队。要通过借助别人的资源、方法、战略眼光等，节约自己的营销成本。

《富爸爸穷爸爸》一书指出，穷人和富人最大的区别在于：穷人为钱工作，富人让钱为自己工作。高手都是懂得花钱买别人时间的人。

一个企业想要利润高，需要控制人效，人效越高，成本就越低。比如，现在中小企业基本都在用代理记账，每个月只需花费二三百元，可如果中小企业专门请一个会计，每个月的工资至少四五千元。所以老板一定要学会"借人"，借助人才的力量让自己的企业自动运转。凡事不要亲力亲为，很可能搞得自己每天很累，也不一定有一个好的结果。

一个企业想要利润高，需要控制效率，效率越高，成本就越低。比如现在中小企业基本都在用的代理记账，每个月才两三百块，可如果公司专门请一个会计，每个月的工资至少四五千，所以老板一定要学会"借人"，用别人的人才，让自己的企业自动运转。凡事不要亲力亲为，因为即使每天很累，也不一定有一个好的结果。

2.借资源

马云曾经说过：资源整合是未来个体、企业做大做强之王道。很多人之所以成功，并不是因为他的能力有多强，而是他懂得资源整合。

李嘉诚也说过：创业只有两个办法，造船过河和借船过河。但是在创业初期我们是没钱造船的，那么就需要借助别人的船。

我们团队在帮品牌霸屏的时候也是借助其他平台来推广的。我们不会因为要发布文章就搭建一个文章平台，也不会因为要发布视频就创建一个视频网站。所以，一定要学会借用资源，一切平台的资源都可以借到。

3.借方法

大英图书馆是世界著名的图书馆，里面收藏的好书数不胜数。随着好书越来越多，他们需要搬到一家新建的图书馆。可由于书籍多，当把运费算好后发现太贵了，那怎么办呢？

这时有个人就给馆长出了一个点子。他让馆长在报纸上面刊登一条消息：从今天起，每位读者可以免费从大英图书馆借走10本书。

结果不出一周，所有书都被借走了。借走的书怎么还呢？还到新的图书馆地址。

我给大家说大英图书馆这个故事的目的是为了启示大家，这个搬书的办法可不可以换到你的产品上去呢？

我们一定要学会套用别人用过并且可行的方法，把他们的方法打磨成我们自己的方法，但是切记不要照搬，一定要懂得活学活用。我们服务了很多世界500强以及上市公司，也服务了很多一线二线的品牌，接触了大量比较前沿的营销玩法，有的方法确实非常有效，值得新品牌借鉴。然而，也有很多人在探寻的路上吃了不少亏，走了很多弯路。

专业的事情应该交给专业的人，会太多反而会限制你拓展市场，老板就该做老板做的事情。你可以有本事搬砖，但是万丈高楼平地起的时候交给包工头干就行了，否则你只能赚小钱。自己带团队要花去的成本更多，还要琢磨管理，假如自己的团队没办法做到某件事，一定要外包给别人来做。外包思维就是老板思维。

二、图片设计的外包平台

做品牌营销以及全网布局，离不开高大上的图片设计需求。那么，如果自己不会进行专业图片设计怎么办？下面为大家介绍两种我们认为操作不错、经常使用、效率高的图片设计外包平台。

（一）猪八戒外包

以设计LOGO为例：

1.写你的需求。

2.打开猪八戒网（www.zbj.com）。

3.进入首页，登录账号。

4.点击免费发布需求。

5.选择免费发布的类型，比如LOGO，之后下面会出现一个预算金额，比如300元。填写好联系方式，然后点击免费发布需求，这时候会跳出来一个完善需求的信息框。

6.完善信息以后点击确定并托管，最后付款等待就行了。

7.设计完成后，会给出10—20个符合你需求的LOGO设计让你选择。你只需要挑一个你喜欢的即可。如图10-1，我们当时做"万群汇联盟"LOGO的时候就有20多人提交他们的设计，我们最后仅仅花了300元便获得了我们心仪的LOGO。

（二）淘宝外包

在淘宝上找设计图外包可以在短时间内获得很多灵感，高效快捷。

一般我有重要的图需要设计的时候，都会在淘宝上找3—5家公司分别进行设计，之后将他们设计出来的成品进行对比。虽然我们自己也有设计师，但因为公司的设计师数量少，不能在短时间内设计多个版本让你挑选。如果想要获得更多灵感，最好的办法是让多个设计师同时给你设计，这样不用花费太多钱，而且还能提高效率。不同的设计会给你不同的灵感启发，当有3—5个版本放到你面前给你挑选的时候，你就可以很快找到喜欢的那一个版本了。

在淘宝找设计时，如果没有选中合适的版本，首稿不满意只需付10%～20%的费用，甚至很多首稿不满意还不需收费。我们举办行业大会时需要的图，以及我朋友圈发的很多重要宣传页，都是用这种方式设计制作的，这样还可以避免设计太过单一的情况。

所谓的外包思维是指企业把非核心业务交由其他专业公司操作，来使整体业务能够更好更顺畅地完成。外包可以节约老板的时间，不需要你自己会设计图，甚至不需要有一个设计团队。专业的事情交给专业的人，喝牛奶不一定要养一头牛。外包、合作是最好的选择。

三、贴吧发帖的外包思维

很多人发帖都遇见过这样的经历：帖子被删、发布不成功、账号封号……好几天的努力也许会因为一次失误，而导致之前发布的内容全部沦陷。这些情况很打击大家的积极性。

根据我的经验，大部分没有基础的发帖者，在短时间没有办法玩转发帖，经常几个月过去了，结果仍不尽人意。

发帖的三种方式：

1.自己发帖

如果你自己有时间，并且认为自己的时间很便宜，那就选择自己发帖。但是每个人在初期都需要一定的探索时间，这是必须经历的成长过程。

2.用软件发帖

现在的网络环境对软件刷帖的打击力度很大，因此不推荐此方法。

3.外包别人发帖

自己发帖是"术"，借助软件发帖是"法"，外包发帖是"道"。

对于老板来说，如果认识专业靠谱的团队能帮你出文案做营销布局，那是幸运的。很多老板没有外包是因为没想到可以外包，或者身边找不到专业人士，当你具备外包思维、找到合适的外包人选或团队的时候，目标更容易提前达成。

从发帖爱好者的角度来看，我们可以多尝试几次，找出其中的规则规律。但如果站在老板的角度，多次尝试这就是在浪费自己宝贵的时间成本，完全可以通过很低的价格让专业团队来完成，花钱买专业人士的时间，把自己的时间留着做更重要的战略布局。

四、写文章的外包思维

相信有一部分人有过外包的经验。但是据调查显示，大部分人没有想过文章可以外包，也没想到将文章外包操作起来会如此便宜且方便。这里给大家普及一下文章外包的思路，方便大家以后在没有时间写文章，或者自己写作水平一般的情况下，通过借力，让自己的布局内容更上一层楼。

文章外包，一定要提前跟操作团队讲清楚你的需求，这样可以节约沟通成本，同时也能让写手第一时间了解到你的真正需求，能够准确写出你想要的内容。我们的团队有40多个写手，但是写手们都不会像我一样接触客户，不了解客户的需求，而我又没有时间写稿子。因此，我要做的是提前深入了解客户，然后把客户的需求、细节精准传达给写手。

对于我们服务的品牌方客户来说，我们主要帮助他们写文章。有的时候为了能够了解清楚客户的想法，我们会让他们填写一个文档描述自己的需求，节约沟通时间，高效地完成任务。

五、用外包思维，实现品牌大提升

除了前面讲的几点内容可以外包之外，还有很多东西是可以外包的。我们所需要的外包，相当于给自己找个专业的人，通过把不必要、不想处理的事情交给专业人士的方式来节省时间和精力成本，将时间和经历投入到更有意义的事情中。懂得外包的人，能让自己离成功更近，也能为自己扩宽多条人生道路，提高工作效率和生活品质。

服务外包、加工外包、软件外包、美工外包、文案外包、视频制作外包、广告语创作、人事外包等已成为产业链中不可或缺的部分。

人力资源外包公司可以为企业提供人员的招聘、培训、考核等服务。生产加工外包公司可以去保证生产进度、产品交期、产品质量以及服务水平。设计外包公司可以为客户创造更加满足市场需求的产品。如今很多国际知名企业都将相关的产业环节外包给其他企业。将头疼的事情交给别人做，能让自己从忙碌中解脱出来。

利己是源动力，利他是出发点，这就是商业的本质。我们的身边总有些看起来毫不费力的"聪明人"。其实，这些"聪明人"并没有什么分身术，他们只是拥有外包思维。机会稍纵即逝，借力不费力，实现自己的品牌大提升。

六、睁大眼睛：如何选择专业的百度霸屏外包团队

有的人做了失败的选择，后悔不已；有的品牌走了弯路，错失了最佳时机；有的品牌在网上布局了不该布局的内容，反而拉低了品牌的档次……错误的选择，对品牌和个人都是致命的打击。

你的品牌也许就是你用命维护的事业，一旦走错一步，很可能面临着不可挽回的局面，会让自己多年的心血付之东流。所以选择服务商的时候一定要睁大眼睛。选对服务商，对品牌来说是一次巨大的变革和升级。

如何选择专业的百度霸屏外包团队？
选择专业百度霸屏外包团队的17条重要参考标准：

1.看团队经验

如果一个公司已有10年以上的网络布局经验，那么可以说，他们在质量、思路、高度、实战布局等方面都有一定的基础。

2.看案例

很多团队在宣传介绍中把自己说得天花乱坠，但却拿不出一个像样的案例。在宣传的时候避重就轻，只说自己专业程度高，这是没有说服力的。

看一个团队的专业程度高不高，要看是他是否给某一行业内数一数二的品牌服务过，有没有给世界500强以及上市的公司服务过，有没有明星大咖为其付费过。团队拥有的的案例越多，越能证明其被更多人认可。合作过的大品牌越大，越证明该团队拥有实力。

除了服务团队给你看的案例之外，你自己也可以在网上搜索对方服务过的品牌。多搜多看，有疑问就直接发问，在提出问题回答问题的过程中，你也能看到这个服务团队更多的实力，你的思路也会逐渐清晰。

3.看团队能力

与智者同行，与高人为伍。如果一个团队在其领域中没有任何光环和影响力，也很难证明他有实力帮到你。一个公司招募来的职业经理人或操盘手的高度，将决定品牌怎么走、去哪里、能实现什么结果。如果招募了一个能力平平的职业经理人，品牌未来的路也不会高明到哪儿去。同理，如果选择了一个自身影响力不足的百度霸屏团队，他们未来也不会给品牌布局带来什么太好的效果。他们连自己都没有打造出来，又如何谈得上打造别人呢？

4.看专业程度

有的团队是打肿脸充胖子，自我吹嘘，介绍中充满了各种空话、大话。辨别这种团队很简单，直接与其电话或面对面沟通，让他帮你规划一下你的网络布局。提出几个关键性问题，不用给他太多思考时间，看他最直接的反应，你基本就可以比较直观地判断他的专业程度如何了。不要被对方的各种术语蒙蔽，只看他的回答对你是否有用。

5.看团队实力

从团队人数来看，如果一个服务公司的团队只有3—5个人，那么很有可能其后期的服务会跟不上。有的事情人数少根本执行不到位。

比如，我们团队单写手就超过40人，目的就是为了风格多元化，能高效解决品牌的文案问题。特别是在同时服务很多的品牌方时，如果资源不充足，方案不全面，团队没有实力，很多事是执行不起来的。

另外，从规模实力上来看，小作坊型的企业在很多地方是不齐备的。就像小诊所的检查设备肯定没有大医院的齐全，小诊所的医生也不一定有大医院的医生经验丰富。专业的事情，还是要交给专业的人来做。

6.看文案水平

这里所说的文案水平，不是看某一团队通过文案把自己的公司包装得多专业，而是看他们给客户写的文案怎么样，看他们给客户布局的问答、给客户做的全网规划等怎么样。他们的文案能否让品牌的使命、价值观、社会责任感上升一个等级，他们的文案有没有成交逻辑，能不能辅助招商和成交，能不能辅助裂变……

文案不仅是用于网络布局的短短几句或一篇文字，不管从网络的角度、朋友圈发圈的素材角度，还是给潜在客户沟通辅助的角度，文案都是一个很好的借力工具。

7.看是否懂得引流策略和社群裂变

这一点很重要，如果服务团队有引流策略和社群裂变的能力，可以帮你节约上百万的营销费用。引流是品牌刚需，社群裂变可以教你的代理一天加300到500人，教你实现万群裂变。如果服务商具备这方面的能力，可以在很多策略上帮助你实现战略升级。

据目前了解来看，市场上真正懂引流的品牌方很少，了解引流又愿意分享给你的品牌又少一些，专业做引流培训教别人引流的更少，能出引流方面书籍的老师屈指可数。

另外，如果你买一些引流方面的书就会发现，市场上这方面的大部分书籍还是找人代写的，根本没有实战内容，纯粹为了出书而出书。我出过一本引流类的书，名字叫《微商引流爆粉实战手册》。这本书之所以在同类书里销量遥遥领先，是因为里面的内容是我根据自己多年的实战经验总结出来的，很多同行都想套用里面的方法，甚至试图抄袭、模仿我。但我办了53期线上引流课程，单群裂变日超6万人，创造了行业奇迹，就单群的裂变来说，至今无人打破这个记录，这些都是其他人没法模仿来的。

8.看成交主张辅助招商裂变

整个网络的布局一定要有成交逻辑，不是只要能在网络上找到你的品牌就行。外包团队不单要能解决从无到有的问题，还要解决文章深度够不够的问题。

9.看对他说和传说的理解

营销有三重境界——自说、他说、传说。很多品牌方在产品思维里跳不出来，并且很多营销团队也总是站在自说的角度帮品牌方做网络布局。这样就会出现一种情况——网络上品牌的内容都是在自卖自夸，拉低了品牌的调性。

一定要注意，站在第三方他说和传说的角度去布局，可以让你的品牌看上去有高度、多角度。文案当中有合理的争议、情感的起伏、客户见证，全方位地塑造品牌才能让品牌立体有温度、站位有高度。

10.如何体现品牌的高度、温度、社会价值观、情怀

一个品牌不能只想着赚钱，总给别人一种在设陷阱、走套路的感觉。品牌的温度和高度都可以通过传递品牌价值观、文化、理念等来表达、布局的内容代表着品牌方的脸面，温文尔雅很重要，直抒胸臆也很重要。品牌的价值观如何塑造，品牌的情怀如何传递，这都是服务团队需要考虑的。如果一个服务团队，不能为品牌提供这些价值，他的能力也是有限的。

11.看行业大会赋能多少、线下大会的举办频率

行业大会和百度霸屏有关系吗？其实没什么直接关系，包括我们提供的很多其他服务和百度霸屏网络布局业务本身也没有什么直接关系，它们属于额外福利和附加值。行业大会可以帮助品牌方借力造势、颁奖、论坛分享、资源共享等，辅助品牌方打开品牌知名度，以及增加营销的素材。

我经常安排我们服务过的客户参与免费的大会活动。我们团队联合举办了80多场行业大会，每个月都会举办多场参会人数上百上千的行业大会。我们有时候是联合举办方，有时候是联合主办方，有时候是媒体宣发单位，很多大会活动的海报下方都可以看到"媒体宣发：王九山全网霸屏团队"。在组织大会的频率和参与度上，过去三年，我们团队一直处于行业第一。

参与举办这类大会活动，一方面是为行业做贡献，一方面也能拉动品牌方一起前行，为品牌方节约营销成本，加速了品牌快速发展。

12.看服务团队的能力和意愿

如果一个人有能力又有意愿帮助你，对你来说是一件值得庆幸的事。

有能力的人有很多，如果不愿意帮助你，和你就没有什么关系。但有的人很想帮助你，但没有什么能力，由他来帮助你的话很可能会越帮越忙。所以选择服务团队的时候，既要看能力，也要看能力和品牌是否匹配。

13.看行业口碑和影响力

在选择团队之前多方位打探一下该团队的口碑，看看是否有人知晓他们。如果很多人都没听说过该团队，说不定他们便是一个骗子公司，选择他们不仅会损失钱财，也会损失了品牌发展的机会。如果服务团队没有客户见证，也没有行业专家的见证，很难说他有能力帮到你。

14.看服务方是否用传统老一套

不要认为会发帖、有自己的官网、懂一些自媒体的操作方法就是网络营销专家了，以上这几个其实都是传统的操作方法，和新网络营销方法不是一个概念。

从网络布局的手法来看，传统网站的SEO非常慢，且效果不大，和我们理解的网络布局不是一个概念。从整体操盘布局来看，传统网站营销人员几乎都没有操盘过新零售品牌，对全国的社交新零售的战略布局没有任何概念。用传统的布局手法，会拉低品牌的段位，同时很难和你的操作方法相配套。

15.看服务团队能否多元化

在选择服务团队的过程中，除了要看该团队能否做百度霸屏全网布局外，还要看其能否给你一些新的思路，告诉你前沿的战略布局、新营销思维、新模式、裂变思维、招代理的方法、宣发造势的方法、打造创始人IP的技巧打造有成交属性的朋友圈的方法、免费引流的方法、搞活动的方法、搞培训的方法、搭建线上商学院的方法、操盘的方法、控制舆情的方法、等等。如果该团队在多方面都能帮助你，你算是遇对人了。

16.看服务团队的附加值

附加值是让客户满意的超值附加。

很多人找到我跟我说，与我们合作的主要原因就是我的团队能提供很多附加值，比如我个人擅长引流裂变、社群玩法、营销打法，能帮助品牌指点迷津，并且我们服务了很多客户，拥有很多的实战经验，因此有很多前沿的操作方法可以提供给品牌方，节约营销成本，帮助合作方快速实现战略目标。

17.看圈子资源的对接

好的团队除了能给你一些引流裂变的方法之外，还能给你提供实实在在的资源人脉。

除了线上线下的引流类课程之外，我们经常举办一些线下活动对接资源。我可以利用自己手头的资源，帮助品牌方精准匹配到其想要的导师、服务商、团队长、操盘手等，以帮助品牌方节约选择成本、寻找成本，能提供强大配套的资源给品牌方做战略升级。

能满足以上17个条件的专业团队，确实很难找，行业里真正有能力的百度霸屏外包团队极少，而缘分这东西又可遇不可求。我们的团队致力于让客户满意，为客户提供专业的服务。希望大家少走弯路，可以找到适合自己的服务商，让自己的品牌快速走上阳光大道。

第十一章　付费——快人一步的营销通道

会花钱，就是会赚钱。

也许你会提出疑问："花钱谁不会啊？"可想把钱花得有水平，还真不是那么简单的事。我们的目的不只是把钱花出去，而是要把更多的钱收回来。

所有互联网平台都需要利润支撑，往往大多数平台都选择依靠广告收入，所以大部分平台是可以投放广告的。日常我们常见的广告包括：微信朋友圈的广告、抖音的广告、百度的广告、搜狗360等搜索引擎的广告、腾讯新闻的广告、爱奇艺的广告、今日头条的广告、信息流等。以百度为例，百度在很多页面版块均设有非常抢眼的广告，并将广告推广给目标人群，随后根据大数据进行跟踪营销。

一、百度推广

（一）百度推广是什么

百度推广是百度国内的一种按效果付费的网络推广方式，通过简单便捷的网页操作即可给品牌方带来大量的潜在客户，有效提升品牌知名度及销售额。

品牌方在购买百度推广服务后，通过注册提交一定数量的关键词，使其推广信息率先出现在网民相应的搜索结果中。简单来说，就是当用户对某一关键词进行搜索时，搜索结果页面的显著位置才会出现与该品牌产品相关的关键词内容。如品牌主在百度账户后台设置推广"面膜"这个关键词，当消费者或网民在百度搜索"面膜"这一关键词的信息时，品牌方推广的网站单页就会被找到，百度按照给实际点击量（潜在客户访问数）向广告主收费。每次有效点击收费从几毛钱到几十块钱不等，由品牌产品的竞争激烈程度决定。

（二）百度推广的三大优势

1.全球最大的中文搜索引擎

百度搜索引擎至少覆盖138个国家，每天响应60亿次搜索请求，是中国用户最常使用的搜索引擎。

2.按效果付费

完全按照给企业带来的潜在客户点击计费，即没有点击不计费，并且见效非常快。

3.针对性强，轻松锁定目标客户

百度推广帮助广告投入企业精准锁定目标客户，针对性强，通过用户画像来实现精准营销。

同时，在百度做竞价推广可以根据自己的需要设定推广的地域。比如，只选择在广州或者大连投放广告，或者在其他指定的县城区域投放。另外，推广时还可以设置推广的时间，比如只投放早上8点到晚上9点这个时间段。对投放地点和时间的设置，可以避免不必要的投入浪费，再配合关键词的设置和创意文案，能大大提高营销效果。更多细节大家可以在操作过程中多总结多研究，这里就不过多延伸了。

如果没有经验，一定要多了解多问有经验的朋友，否则一不小心就花很多冤枉钱。不懂操作的，点击费花了几万元一个咨询订单也没有，这也是极有可能的，因此有经验丰富的运营投放人员是很有必要的。同时，也要注意合理避免竞争对手的恶意点击，这有可能让品牌方的广告预算迅速花光。当你具备了一定的经验，研究测试成功了，回报率还是比较可观的。本人亲测有效，值得大家研究。

百度竞价和百度霸屏布局的内容不是一个方向，竞价广告更多的是站在引流的角度花钱获客，百度霸屏以及全网布局更多的是打造品牌的IP。个人建议，在做竞价推广之前，一定要先打造品牌IP的全网布局，让你的竞价推广更容易转化，让流量留住，百度霸屏全网布局的打造，更利于辅助招商和成交，是品牌的必走之路。

二、信息流推广

为了丰富大家的营销渠道观念，这里再延伸一下信息流推广，可能会对部分有需求的读者有参考价值。

信息流推广和百度竞价差不多，都是开通账户，付费推广的一种形式，也都可以直接找官方开通，或者找代理商来辅助开通。

1.什么是信息流推广

百度推广是人找信息，这种推广方式的优势是流量精准，大部分客户都是通过搜索关键词找到品牌方的。而信息流推广则是信息找人，其类似于电视广告的推广方式，但是信息流推广比电视广告定位更精准。我们在浏览互联网时，喜欢看哪类东西、经常浏览什么东西，这些都会留下痕迹，信息流推广利用大数据将人群进行定位，打上标签，让广告精准地推送给有兴趣的人群。我们做信息流广告也是基于这一点——根据产品所面对的潜在人群，定位推荐展示。

2.信息流推广的特点及优势

信息流广告大体分三类：新闻资讯类、社交媒体类、短视频类。

抖音、快手、头条号、一点资讯、腾讯新闻、天天快报、腾讯网、QQ浏览器、今日头条、优酷视频、企鹅号、微信朋友圈、QQ空间、QQ音乐、百度贴吧、百度浏览器、手机百度、新浪新闻、新浪财经、新浪体育、新浪网、UC浏览器、大鱼号、搜狐、搜狐号、网易新闻、网易号、新浪微博、陌陌，等等，这些平台都可以开通账户进行信息流广告投放。

信息流广告的展现样式有大图、单图、组图、贴片。

信息流推广的三大优势：

（1）对于品牌，信息流推广是不同于传统广告模式与新媒体技术的一种营销模式创新

传统广告模式是借助优质的营销渠道（电视、广播等），大范围、主动地推送信息。

新媒体广告提供信息，更多是以垂直信息平台触发。无论是百度、58同城、天猫等平台，都是依靠潜在消费者自己根据需求在对应的信息平台找寻信息，平台通过网络技术，更好地迎合受众需求。

信息流推广整合了两者优势，自成一体。以传统广告模式（借助优质互联网媒体——用户量及黏性高的产品），结合新媒体技术（大数据、人工智能、受众画像），通过优质媒体主动向潜在用户提供易于接受的营销信息，无疑为品牌提供了全新的营销蓝海[①]市场。

（2）更符合现今人们获取信息的途径

现在是信息极度膨胀的时代，人们获取信息的途径已经多元化。通过人们更爱使用的信息获取渠道进行广告推送，响应度会更高，更利于让潜在受众接受。

（3）对于受众，信息流推广的广告更容易被网民接受

电视在插播广告的时候你在做什么？在线视频间歇广告时你又在做什么？网页上的展示广告你会看几个？

我想大家的答案和我差不多，无论干什么，就是没有看广告。这也是很多营销从业人员的困扰，受众不看我的广告怎么办？难。

---

① 蓝海，指的是未知的市场空间。企业要启动和保持获利性增长，就必须超越产业竞争，开创全新市场。这其中一块是突破性增长业务（旧市场新产品或新模式），另一块是战略性新业务开发（创造新市场、新细分行业甚至全新行业）。

而信息流广告的原生特质正好可以解决受众不看广告的这一困扰。信息流的广告需要与产品功能混排（资讯或社交分享等），所以一般撰写时都会避开硬广的形式，让受众在使用互联网产品功能的同时，在不知不觉间浏览你的广告，很好地解决人们喜欢忽略广告这一习惯。

注意：

相对百度关键词竞价推广来说，信息流推广要承担的风险更大。信息流推广一般是采用千展计费的方式，也就是按照展现给1000人的次数收取广告费用，比如每千次收取几十元到一百元左右。

信息推广的获客转化成本从几元钱到几百元不等，竞争越激烈的产品或行业，广告投放的费用也越高。其展示就要付费的投放方式也给广告主带来了高风险，因为你不知道广告所展示的人群是否是你的目标受众，也不知道展示之后能不能给品牌带来意向客户。

如果没有经验，也没有专业人士指导，使用信息流推广可能会造成浪费，因此，在选择这一方法的时候要懂这些平台的规则，更好地把广告曝光出去。只有把广告曝光出去，才会获得流量，而信息流广告的投入非常大，所以前期需要对广告投放创意进行不断测试，找到最适合自己的受众，后期则需要不断进行优化，降低广告投放的费用，提高产出比。吸引注意，建立信任，引导行动，这不仅需要广告主有经验丰富的运营规划师，还需要有足够的资金和试错成本。

第十二章 危机公关与舆情监控

一、一条负面信息大于1000条正面信息

出现负面信息的三种常见情况：

1. 同行或竞争对手恶意攻击
2. 客户或者代理因体验不好而抒发不满情绪
3. 黑心公关恶意操作

我们都知道，品牌的形象需要花费大量人力、物力和时间来树立。在树立品牌形象的过程中，为了获得大众的认可，品牌通常都会进行正面信息的报道和宣发，用优质的服务和口碑，持之以恒地树立品牌的良好形象，以此来体现公众，特别是消费者对品牌的评价与认知。

如果网上有一些关于品牌的负面信息，而品牌方对其放任不管，那么我们辛苦建立起来的品牌形象就有可能付之一炬。这也是我们常说的"一条负面信息等于1000条正面信息"。

负面信息是产生品牌危机的重要因素之一，"好事不出门，坏事传千里"。负面信息的影响力远比正面信息大得多，影响范围也更广泛，传播速度更是惊人。

当负面信息在报道过程中涉及利益等因素时，就很容易会导致品牌在互联网上出现错误的舆论，而品牌的正面形象可能会受到负面信息的诱导和影响，最终导致品牌走向毁灭。

人都有从众心理，当有一个人相信负面信息的内容是真实的并选择主

动传播时，那么就可能会有成百上千的跟随者也相信。如果一个品牌丧失了公信力，那么这个品牌的形象就岌岌可危。有一些人或者竞争对手为了自身的利益，借助网络的自由性，制造传播一些缺乏事实依据、不负责任的信息，造成了其他品牌形象严重受损。

负面信息的传播速度快、广度大，对品牌的影响也非常大。假如一个木桶的底部有一个小洞，水就会一直从缺口中流出去，如果我们不想办法堵住这个缺口，填再多的水进去都无济于事。所以，正确对待、处理负面信息，是每一个品牌都应当重视并需要积极应对的事，这样才能让品牌走得更有力量。

二、网络负面危机：常见的11种公关处理方式

网络就是一张名片，很多品牌遇见负面信息就慌了阵脚，盲目寻找解药，慌乱中找到一个黑心公关，花了一大笔钱之后甚至还会受到第二波、第三波攻击，越处理、问题越多，直到品牌倒下。

很多时候处理负面信息是不用花一分钱的，但大部分品牌都不懂怎么操作，下面就把时常用到的11种负面信息公关处理方式分享出来，以此给读者启发：

1.向平台投诉删除

很多网站都有投诉和反馈通道。网站平台本身也应该避免传播不实虚假信息，有责任和义务站在公平公正公开的角度传播信息，保证平台的权威公信力。一般只要投诉方能提供事实依据，就能要求平台把不实违反的信息删掉。任何人都不能毫无事实依据地随意评论、抹黑、恶意攻击某一品牌。

我们一般可以通过邮件或与客服沟通的方式表明自己想要他人撤稿或删帖的意愿，客服会提供一个撤稿或删帖的流程链接给我们，我们只需按

照流程操作，提供资料即可，反馈的时间一般为3—5个工作日。

2.发律师函撤稿

发专业的律师函可以帮助我们及时高效地删掉违法信息。一般情况下，平台都比较重视收到的律师函。只要律师函中表述的内容有根有据，思维逻辑缜密，平台就会根据真实情况综合考虑，撤掉不实违法信息。如果有竞争对手或者其他利益相关的人员进行缺乏事实的造谣、抹黑的报道，我们就可以直接联系源头发布平台，并提供品牌的相关资料和证明，要求平台进行撤稿处理，必要时拿起法律武器，为品牌伸张正义。

3.找源头

及时找到信息发布的源头，并通过与其协商的方式删掉负面信息，避免事态进一步恶化。面对危机，一定要及时处理。只有将源头解决，相关后续处理才能顺利进行。

4.发公告函

如果是不能在短时间内删掉，或者永久无法删掉的负面信息，品牌可以选择通过公告公示的方法公开信息真相，以此疏导舆论，化解危机。如果确实是自己平台的问题，该道歉就道歉，应站在官方的角度来表达观点。

5.置之不理

有时候，如果面对负面消息时真的没有解决办法，与其越描越黑，不如对其置之不理。建议没有足够把握的话，不要轻易和网络喷子叫板，因为你删帖的速度，肯定比不上他发帖的速度，很多时候你可能会陷入对方给你设置的圈套中，让对方真正抓住你的把柄，使得事态升级。

6.联系小编处理

如果联系不到发帖者本人，或者发帖者不愿意与你沟通，那就联系平台小编。每个平台都有自己的小编或者客服，特别是小平台的小编，沟通更灵活快捷。小编一般都有后台权限，在几小时内就可以针对提出的问题进行相关处理。

7.通过中间人处理

如果你没办法联系到小编，或者小编不愿意给你处理，这个时候能找到靠谱的中间人就是非常必要的了。

8.用正面信息的百度霸屏全网压制负面信息

对于某些影响不太大的负面信息，如果一时不能将其删除，或者删除的话需要花费大量时间、精力、金钱，那么我们可以选择在各大新闻媒体平台以及一些权重比较高的平台发布正面报道的方式压制在搜索引擎上展示的负面信息。发布的平台必须是权重高的新闻源媒体，内容要原创，如果再利用SEO技巧多角度布局，保证能把负面信息的排名压制下去。

还可以撰写一些提醒防骗、抵制骗子之类的软文，对于有效压制负面信息也有作用。

9.报警或找网警部门协助处理

面对恶意无事实依据的胡编乱造，以及收"保护费"的姿态敲诈式勒索钱财的，可以寻找相关部门求助，网警部门的全称是"公安机关公共信息网络安全监察部门"，对于重大的网络负面信息案件，可以联系网警部门协助处理。

10.寻找网信办协助

遇到特殊情况时，可以寻求网信办的协助。一般情况下，网信办在全国各省都有分支机构，这些机构每年都会帮助企业处理很多网络侵权事宜。如果你的证据充足，在给网站投诉无效的情况下，可以尝试下寻求网信办的协助。

11.联系危机公关公司

不到逼不得已时，不建议走"联系危机公关公司"这一步。选择这一方式时有两点建议：

（1）不要把负面信息的链接轻易丢给没合作过的第三方。

（2）公关公司骗子居多，不要轻易付费。

另外，个人补充三条建议：

1.在互联网时代，公关显得尤为重要，一步走失，想再挽回品牌的声誉就会很难。不管大品牌还是小品牌，都应该重视自己的品牌形象，品牌形象才是一个企业最有价值的东西。

2.低调做事，真正利他，不要搞一些虚头巴脑的坑蒙拐骗的事情，若你失去了消费者的信任，公关做得再好，也挽回不了用户的心。口碑不在了，你不但会失去客户，自己也可能面临牢狱之灾，所以脚踏实地做事，本本分分做人，才是商业之道。

3.居安思危，防患于未然，提前做网络规划，进行相关关键词的占位和网络布局，可以有效防止网络负面信息滋生。

三、常遇删帖的8个场景操作示例

场景1：百度下拉

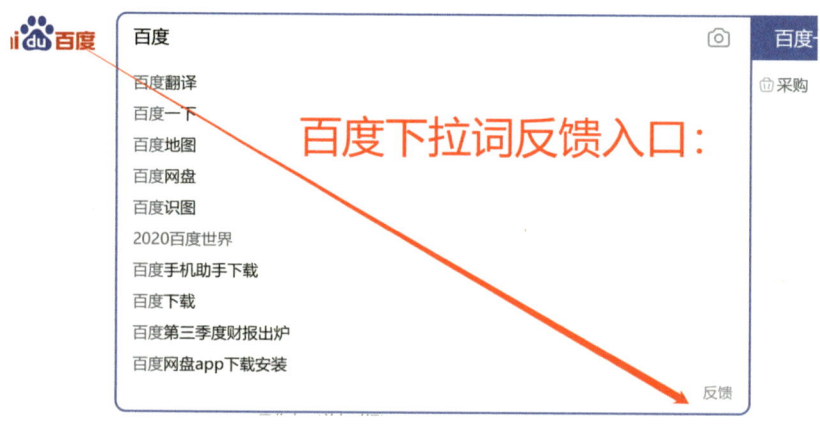

【百度下拉框反馈入口】

场景2：百度相关搜索

【百度结果页网站举报及相关搜索反馈入口】

场景3：百度知道

【百度知道举报入口（搜狗问问、360问答等搜索引擎类同）】

场景4：百度贴吧

贴吧投诉：http：//help.baidu.com/question？prod_en=tieba&class=393

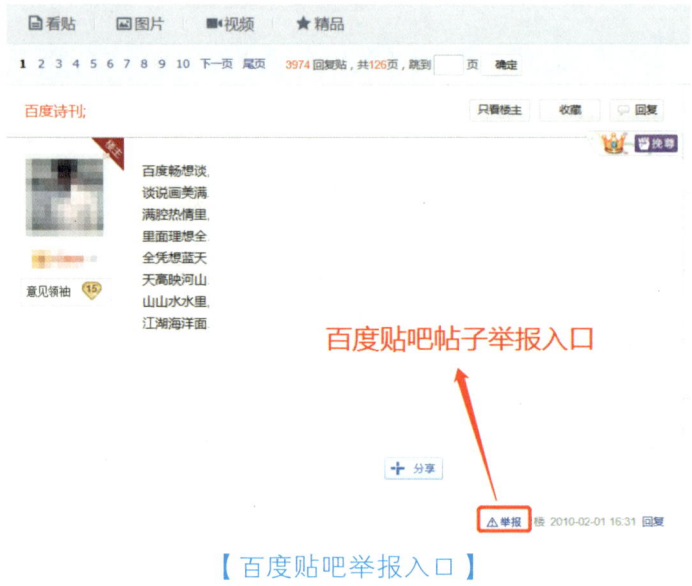

【百度贴吧举报入口】

场景5：搜狗下拉、相关推荐

搜狗搜索反馈中心：https：//fankui.sogou.com/index.php/web/web/index/type/4

搜狗投诉中心：http：//fuwu.sogou.com/feedback/fankui.html

场景6：360搜索

360搜索违法举报网址：http://info.so.com/web_report.html?src=report

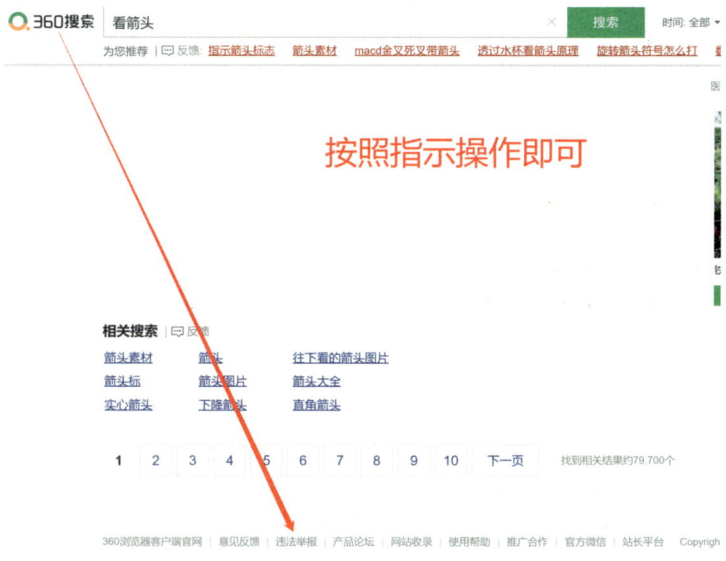

场景7：知乎问答

【知乎举报入口】

场景8：天涯、豆瓣等

天涯侵权投诉：http：//service.tianya.cn/alarm/jbts.do

豆瓣侵权投诉：https：//help.douban.com/complaint/

公众号侵权投诉：https：//kf.qq.com/faq/120911VrYVrA161026ammAjA.html

其他：中央网信办（违法和不良信息举报中心）

https：//www.12377.cn/

【天涯论坛举报入口】

大部分平台都会依照法律法规受理平台内侵犯企业或个人合法权益的侵权投诉，但不意味着所有的负面信息都可以通过侵权举报来处理。基本

上大部分平台都认为企业应该坦然接受公众讨论，接纳适当的批评，对于内容中不准确的部分，平台欢迎企业以正式或非正式的身份在平台上进行澄清。

1.在进行企业侵权投诉时，通常需要提供以下证明材料：

（1）企业证明（企业证明一般为营业执照或组织机构代码证）；

（2）投诉人本人的身份证明材料（身份证明可以是身份证或护照）；

（3）如果投诉人非权利人（一般指法定代表人）本人，需要提供代表企业进行举报的书面授权证明，授权证明需要盖有企业公章；

（4）部分情况下需要提供商标注册证，证明企业与产品之间的关系；

（5）若A企业代理B企业进行侵权投诉，需提供A和B两家企业的企业证明材料，除上述企业证明、身份证明、投诉人的授权证明等材料外，还需提供A企业代理B企业进行举报的书面授权证明（授权证明需盖有这两家企业的公章）。

（6）填写责任承担保证函，并加盖公章。

2.在进行个人侵权投诉时，通常需要提供以下证明材料：

（1）投诉人本人的身份证明材料（身份证明可以是身份证或护照）；

（2）如果投诉人非权利人本人，需要提供代表权利人进行举报的书面授权证明（授权证明需包含权利人的亲笔签名和本人手印）。其中，若权利人为未成年人等，监护人代其举报需提供相关证明材料。

若投诉人提交的材料有下列常见情况（包括但不限于），则不能作为平台侵权投诉的有效证明材料，需重新提供：

（1）材料上水印显示的用途不包括侵权投诉；

（2）关键信息被遮挡；

（3）像素较低无法辨认细节；

（4）证件已超出有效期；

（5）材料有明显的伪造痕迹；

（6）冒用他人证件进行侵权投诉，如企业证明与投诉企业名称不相符。

若企业、个人提交的材料不齐全或不符合平台侵权投诉的要求，举报就会不予受理，一般平台都会发送私信告知投诉人。

平台和平台的规则不太相同，但大同小异。奉劝大家一定要在法律法规允许的范围内行事。

四、负面预警先知，如何做舆情监控

对品牌来说，及时、迅速、全天候的舆情监测十分重要。我们需要在品牌出现负面信息的第一时间监测到，以为自己争取到最佳处理时间，尽可能防止事态进一步蔓延。

我们首先要做的是通过制定一套完善的舆论监控方案，来加强舆论监控，及时发现舆情信息，并监测舆论的发展动态，为品牌营造良好的舆论环境，树立良好的品牌对外形象。

（一）监控步骤

1.汇总信息源

我们需要将出现的关于品牌的负面信息源进行汇总，一般来说信息源大致可以分为三类：

第一类是传统信息源，以报纸杂志等纸媒的新闻站、微信公众号、微博官V等为主。一定要将这类传统渠道总结清楚，并根据权重有侧重地做好分类整理。这里说的权重主要指的是媒体的影响力，像人民日报、新华网这样的权威行业媒体便是权重高的媒体。

第二类是社会化媒体信息源，比如知名博主、行业KOL（指关键意见领袖）、搜索和热点榜单等分享行业信息的社会化媒体平台。

第三类是新媒体新闻源，比如知乎、微博、豆瓣、贴吧、问答，以及一些自媒体平台、短视频平台、新闻源网站等。

2.拆解关键词

我们在进行舆情监控时，应该主要关注品牌名称、品牌创始人、产品名称、竞争对手名称、所在行业名称等这些你关心的关键词，也就是将这些关键词相关的内容进行关注监控，方便更好地掌握舆情动态。

3.监控工具化

由于信息来源太多，网络舆论的环境也复杂多变，如果我们只通过人工的方式对关键词进行逐个监控，就要花费大量的人力和时间成本，而且效率很低。品牌在做舆情监控时可以借助一些监控工具，这类工具可以对各大权威新闻媒体、主流门户网站、各类社交媒体平台进行实时监控，能大幅提升品牌获取舆情信息的效率。

（二）舆情监控的方法

1.全面监控

在面对海量的互联网数据时，品牌相关的负面信息可能出现在互联网的任何角落，因此我们最好进行全面监控，包括各大权威新闻媒体、主流门户网站、论坛、博客、微博、微信公众号、数字报、行业垂直站点短视频平台和新闻客户端等平台。

2.实时监控

品牌舆情的爆发具有突然性和偶然性，如果品牌不能对全网舆情保持实时监控，就有可能错失舆论引导良机。因此，我们建议品牌可以采用7天×24小时分工轮值负责制，安排专门的舆情监控人员进行实时监控，或者利用专业的舆情监控工具，实时监测有关品牌形象和口碑的负面信息，及时分析时间的发展脉络和当前态势，一旦有紧急情况发生即可通知相关人员。

总结：

对品牌舆情来说，练好内功是基础，舆情掌控是关键，舆情引导是重点，舆情处置是核心。舆情管理要做到预防第一、标本兼治、监控有力、应对有方。

第十三章　网络营销推广的常见问题

网络营销及推广已经是品牌方不得不重视的问题，尤其是近年来移动互联网迅速发展，越来越多的品牌开始进行网络营销推广。那么我们在做网络营销推广时需要注意什么？应该如何规避风险呢？

随着移动互联网的发展，各种社交App、论坛、短视频App等为用户提供了良好的交流平台，用户对品牌的口碑传播更为便利，我们可以通过网上的口碑迅速传播品牌的形象，取得客户的情感认同，通过在互联网上建立的口碑提升品牌影响力，提高用户的品牌忠诚度。但很多品牌在进行网络营销推广时也面临着不少问题。

1.域名保护问题

域名作为网站入口和网页所有者的身份标识，其实质就是品牌在网上的永久性电子商标，是品牌的一种无形资产，是品牌从事网上商务活动的基础，也是品牌的重要部分。品牌的产品、服务、形象等都凝结在它的域名上，可以直观地展示给互联网上的访问者。

品牌在进行网络营销推广时有必要有自己的域名。办理域名注册获得域名运用权的规则是注册在先的原则，即谁先注册，谁就具有域名的运用权。在如今的网络环境下，域名非常容易被他人抢注，因而传统品牌尤其要注意尽快并及时注册与自己品牌相关的域名，以利于品牌在网络上推广，如果被竞争对手抢注，你想将域名要过来就难了。

2.商标保护问题

商标保护在网络营销推广中是重中之重的一环。如果我们的品牌在进行网络营销推广前没有进行商标的注册保护，那么假设发生他人抢注我们的商标情况时，就不能有效地保护我们的合法权益，这样一来，不仅我们所做的推广会前功尽弃，还有可能导致我们失去使用品牌名的权利，甚至你费尽心血做的网络推广成了给别人做的"嫁衣"。

3.负面信息问题

互联网可以让品牌通过用户的口碑传播建立正面形象，但是互联网的便利也给品牌带来了新的问题。一旦品牌有不当的行为，或者有竞争者传播负面信息，不论相关信息真实与否，这些内容都很容易通过网络传播开来，直接影响到客户的成交行为决策，对品牌造成严重的负面影响。

4.发布的内容要避免违反广告法

如果你招聘的员工或者文案写手对广告法不是很了解，很容易一不小心造成违法宣传，从而被竞争对手或者"好心的职业打假人"利用。所以，信息不能随随便便发布出去，发布之前一定要有严格的审查规范，避免违规违法信息传播。

5.运营成本问题

品牌在进行网络营销推广时，需要不断投入人力、物力，这些投入都增加了品牌的运营成本。运营成本的增加意味着产品成本的提高，这将导致产品售价提高，短期内会降低品牌及产品的价格竞争力，但从长期战略来看，如此可以提升品牌整体的形象和竞争力。

6.布局要及时，抢先代理一步

很多品牌还没来得及布局，在内招期间其代理就已经做了一波"百度霸屏"，让品牌处于被动状态。很多时候代理布局的角度和品牌方布局的角度不同，并且也不一定有品牌方布局的高度和温度。万一这个代理以后跳槽到竞争对手那里，或者去做别的品牌，网上留的都是他的联系方式对品牌也非常不利，甚至可能产生负面影响。所以，要提前布局，前期多咨询有经验的专业人士，弄清先做什么，后做什么，提前预热，有节奏地进行品牌包装和宣发。

7.自卖自夸的问题

要想在网络上布局公司的相关内容并不难，但输出有深度、有水平的内容很难。输出的内容决定品牌的调性，让别人形成对品牌的印象，也决定了他们是否愿意和你进一步接触。因此不要总是输出一些自卖自夸、没有实质性价值的垃圾内容，要注意客户的体验感。

第十四章　SEO常用工具

我们在做网络布局的时候，各类工具必不可少。熟练使用SEO工具，可以帮助我们更合理地优化网站，节省我们的时间。

下面介绍几种我比较常用的SEO工具：

（一）SEO综合查询工具

1.Chinaz站长工具

我们常说的站长工具，就是Chinaz站长工具，只需要在站长工具中输入网址，我们就能查询出网站的各类信息。如网站关键词排名、日均预估流量、收录页面数量、域名注册时间、反链数量，等等。

2.爱站

爱站和站长工具功能差不太多，都可以查询网站的各类SEO信息，爱站也是我们目前最常使用的综合查询工具之一。

（二）关键词工具

1.百度指数

百度指数是以百度海量网民行为数据为基础的数据分享平台，是当前互联网乃至整个数据时代最重要的统计分析平台之一。用它可以研究关键词搜索趋势、洞察网民需求变化、定位数字消费者特征，从行业的角度分析市场特点，让每个人都成为数据科学家。百度指数以图表的方式显示关键词搜索量以及搜索趋势。通过在百度指数查询关键词就能了解到该关键词以往日搜索量以及未来搜索量的趋势，可以帮助我们确定网站的目标关键词。

除了关键词搜索量及搜索趋势外，百度指数还会列出相关的关键词，以及搜索量快速上升的关键词，这对我们扩展长尾关键词也有很大的帮助。

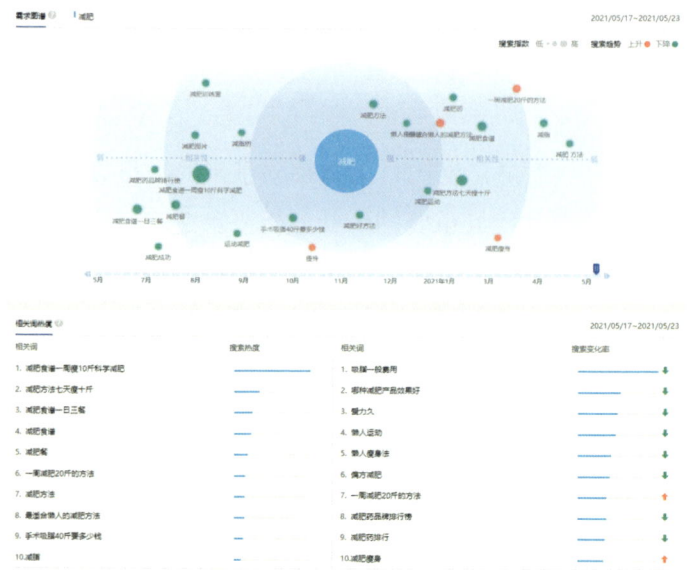

用户人群的分析数据也是百度指数会提供的一项数据，如用户所属省份、年龄、性别、学历、兴趣等，这些都可以作为我们营销时的参考。

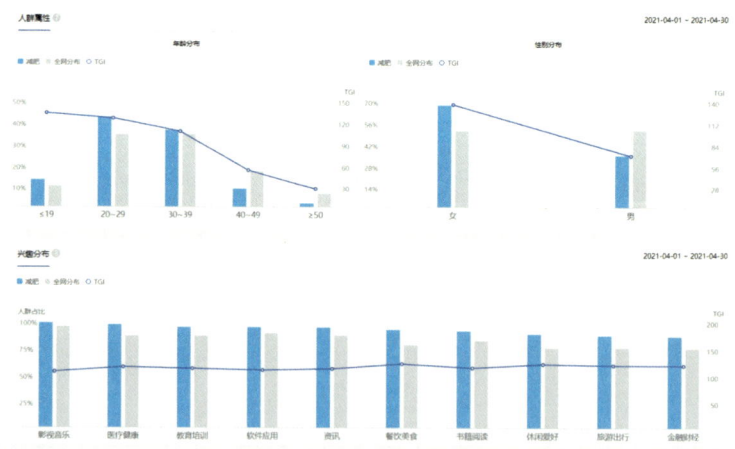

2.百度关键词规划师

百度关键词规划师是百度推广下的一款关键词查询工具，使用该工具可以查询到关键词的搜索热度，以及相关关键词的搜索热度。相比百度指数，百度关键词规划师反馈的数据更加精细，可以查询到关键词的日均搜索量、竞争程度以及热度。这款工具需要单独注册百度推广的账号才可以使用。

3.5118关键词挖掘工具

5118关键词挖掘工具可以帮助我们扩展大量的长尾关键词，该网站还有很多其他功能，大家可以了解一下。

（三）网站数据统计工具

百度统计是百度推出的一款专业网站流量分析工具，能够帮助我们了解到用户是如何找到并浏览我们的网页的。百度统计提供了几十种图形化报告，全程跟踪用户的行为路径，并且帮助监控各种网络媒介推广效果，让我们能及时了解哪些关键词和创意的效果最好。同时，百度统计还集成了百度推广数据，可以帮助我们及时了解百度推广效果并优化推广方案。

SEO工具还有许多，这里我们只简单列出了一些比较常用的，没有一一罗列。总之，我想要告诉大家，借力不费力，能外包给别人的就让别人去做，如果是必须要自己做的事，那么可以借用工具的力量让事半功倍。

第十五章 引流裂变延伸篇

一、利用微信群引流裂变，门槛最低，入手最快

首先，咱们通过以下几点来看看微信群的重要性：

1.有人的地方就有江湖。物以类聚，人以群分，人是群居动物。

2.同样是开500人的会议，使用微信群开会的成本几乎为零，效率也更快。

3.微信群的裂变属性很强，并且大家习惯了用微信群交流、工作，以及学习等。

4.微信群变现途径很顺畅，人们最常用的聊天工具是微信，也都习惯微信支付。

5.微信群更易于营销，也更有温度，可以配合朋友圈实现一对一以及一对多的沟通。

6.微信群可以使用百群同步、千群裂变、万群联盟等组合打法，私域流量组合拳打法。

7.互粉、引流、裂变、人脉、资源等关键词，注定了微信群拥有重要性。

虽然抖音、快手、直播等营销方式日益被放大，市面上出现了很多知名的成功案例，但是真正靠它达到绝对成功的人还是少数，大部分人还是以失败告终。并且这些营销方式的门槛太高，建立的时间周期比较长，并不适合所有人。而利用微信群营销更有温度、建立起来的时间周期更快、创立的门槛更低，值得各位创业者花时间深度研究。随着自己的基本功日渐扎实，一旦你成为一个社群裂变的营销高手，你的产品还愁卖不出去？

等你拥有了一定的社群裂变营销技巧后，再带着团队一起裂变营销，配合社群一起组合营销，或许能有更大的收获，获得更大的成功。只要你愿意去发现，你就会发现很多身处前沿不错的社群玩法会颠覆你的传统认知，希望各位读者多花点时间去思考和实践。

我在2017年的时候尝到了社群带来的甜头，注册了"万群汇"相关的商标证书和营业执照，进行了打破行业纪录的颠覆式社群营销组合，获得了小小成绩。如今社群的操作方法在不断升级，我们在全国各个大小县城布局了"万群汇联盟"的线下运营中心和"盟主""城主"，深深知道社群裂变的魔力。

二、微信群裂变60000人实操解析

接下来为大家分享一个裂变速度快、操作成本低、整体容易上手，并且打破最多电商行业单群裂变纪录的案例。该案例单群裂变60000人以上，让行业人纷纷效仿。

很多人可能要问了。微信群单群最多不是只可以容纳500人，你这60000多人是怎么来的？那么接下来，我就把我的运营逻辑和实操案例揭晓给大家。如果你看明白了这一案例背后的原理，以后你就不会缺人脉。你可以通过这一方法挖掘粉丝背后的粉丝，循环引流。

首先，我们先看看裂变的模式——打造不可抗拒的引流主张7步。

接着，我们再来看看裂变的逻辑——通过筛选种子粉丝帮你群发微信群二维码。设置超级诱饵，让每个人都能心甘情愿地帮你群发给200个好友，吸引了新的粉丝进群。随后通过引导让新粉丝添加群主，再次通过超级诱饵，让他们继续群发给200个好友，循环裂变。通过微信群挖掘陌生人背后的陌生人，然后通过群课程升级裂变玩法，配合转发积攒，迅速裂变60000人。

我们依靠一条朋友圈文案，慢慢展开了一次裂变活动。

我做这次裂变有3个目的：

1.做案例分享给我的粉丝。

2.做一次超级裂变（引流）。

3.为我们主办的千人"中国社群营销大会"成交造势。

【王九山在中国社群营销大会现场进行分享】

通过我在朋友圈发的文案可以看出，第一步要先筛选出有意愿帮我们裂变的种子粉丝，如果不进行筛选，无法直接进行裂变。所以，统一思想，达成一致，前期筛选出志同道合的粉丝，后面裂变的势头才能起得来。

通过我的筛选，我找到了60个愿意帮我裂变的种子粉丝，让他们把我提供的话术和群二维码群发给200个好友，吸引这些好友进群。我将我的付费课程课件作为吸引他们行动的奖励，以此让他们群发。只要他们将群发200个好友的截图反馈给我，便可被视为合格，获得课件和课程资格，并且可以参与裂变的实战过程。

群发的内容非常简单，一句话+一张图，为了让种子粉丝们更好理解，减少沟通成本，我会在朋友圈使用一句文案和一张图进行话术引导。文案使用"这个群玩法很不错，你可以学习一下"，图为群二维码。

上图是学员群发200个好友后给我的反馈截图，60个种子有60张截图，如此视为合格。

一旦二维码进入别人的鱼塘，就会有更多人进群，接下来便会有更多人参与到这个活动中。为了高效沟通、节约沟通成本，可以把部分操作流程放在朋友圈进行引导以及塑造价值。

"这个群玩法不错,你可以学习一下",这一文案虽然是群发的,但是看上去像朋友一对一聊天。之前我在一堂名为"群发是一把双刃剑"的课程中讲过,群发消息时要给别人一对一聊天的感觉,并且要能提供给对方价值。

"这个群玩法很不错,你可以学习一下"这一文案,首先句中没提到"大家好",而是选择使用第二人称"你";另外,群二维码上面群名称,也是站在提供价值的角度来吸引人眼球的。如此一来,通过这一文案,以及该群以学习为主,不收费、随意进出的属性,再由好友以推荐好物的形式发给其他好友,不生硬且具有引导性,因此会有很多人因为各种原因加入该群。

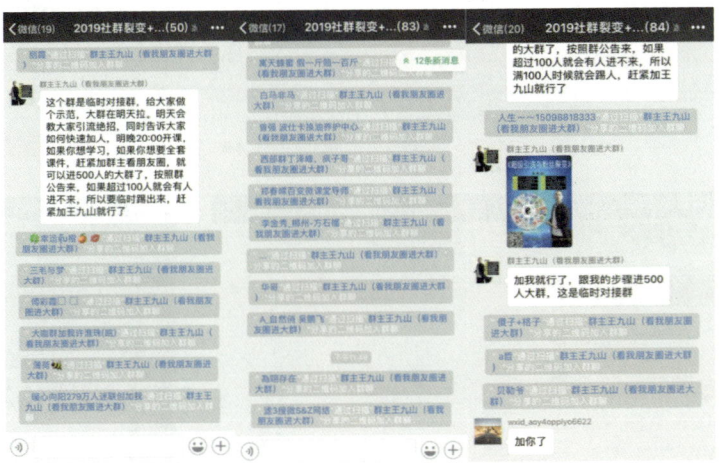

不断有人进群后就会产生一个新问题——群里有人数限制怎么办?通过群二维码进群是有限制的,群内人数超过200后就不能扫码进群了。

为了保证新人能持续不断地入群,因此需要将群里的人数控制在100人以内,所以必须要在说明原因、不引起他人误会的情况下,不断将群里的成员批量移除。在做移除动作之前,可以通过群公告引导,让群里的人清晰地认识到这只是一个临时对

接群，是个人数控制在100人以内的小群，起中转作用，不然其他人无法加入到该群中。若想与群主进一步沟通交流，可以通过其他方式进行，可以单独添加群主。

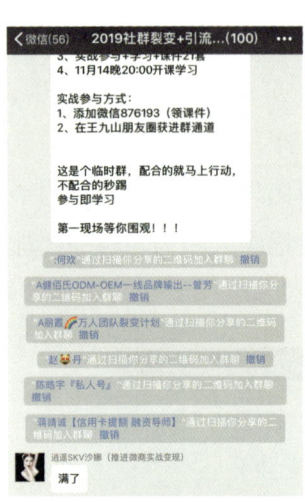  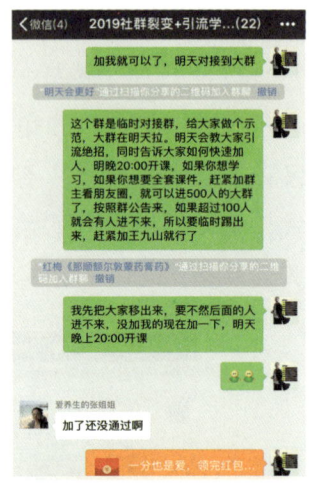

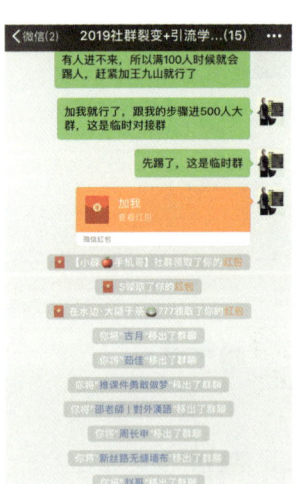  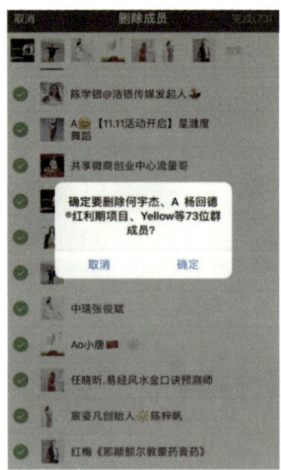

只有不断移除群内成员，新成员才能源源不断地加入进来，一波接一波。目前阶段，已经达到引流效果，但最厉害的还不止与此，裂变的核心秘诀就是循环裂变，裂变陌生人背后的陌生人，如何让新加入的好友成为你的种子粉丝，这才是裂变的核心，通过利益驱动，让新来的粉丝，也

参与到实战裂变的过程中去，新人要想获得学习和参与的资格，同样也是群发给200个好友，然后把截图给我们，即可视为合格。合格的会进到VIP的学习群学习更多裂变的方法和课程。同时新人群的群二维码也会因为更多人的群发而进来更多新人。群发合格的，做好备注，然后拉到新的学习群，在群里除了提供有价值的课件之外，然后就是通过开课提供价值，引导新一轮的引流主张，获得更多裂变行动。

如果一个群不够用，那么可以多建几个群；一个微信号不够用，那就多建几个号，有很多方法都可以用来解决问题。

如以上操作方法，以我的名字命名的VIP社群就建立起来了，在过程中我们一定要记得及时兑现当初给粉丝群友们的承诺。提供价值，获得粉丝的认可，然后再结合"课程裂变""积赞引流""课件引流"等吸粉主张，进行组合循环裂变，转化陌生人背后的陌生人，你会发现，市场无限大，你要你能消化的了，引流就是这么简单。

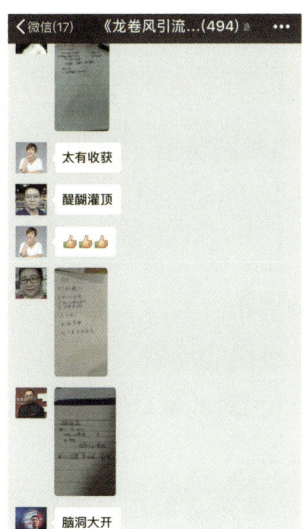

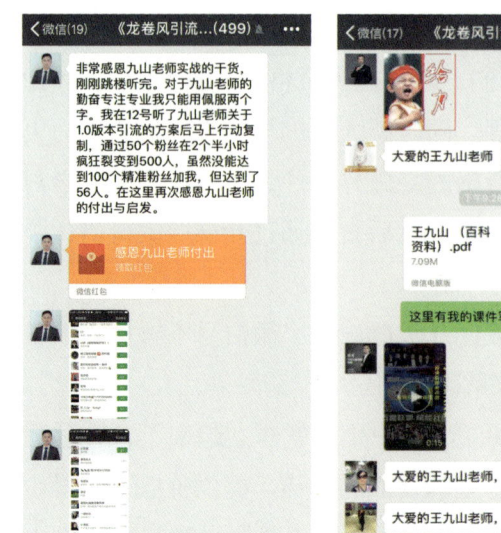

我们举办的线下大会也是依靠以上提到的这种微信群裂变的方式获得的转发和宣传，最终的结果非常成功，轻松招募了1000多个铁杆粉丝来到我们的活动现场。

注意：

1.宣传时使用的二维码为群二维码，方便别人识别后进群（每个群二维码的使用有效期为7天）。

2.群名需要足够吸引人，并且和群内主题相关。

3.可以为别人配上一段文字引导，给转发引流做准备。

4.想一个理由或奖励，给别人一个转发文案和二维码的动力。

5.设置一些"诱饵"，给别人制造一个看见文案就扫码的冲动。

6.加入群之后在群公告中引导群成员主动添加群主。

7.在群成员添加群主后给予价值，再给他另一个转发文案和二维码的理由。

8.把小群的人数控制在100人以内，在将小群成员拉进大群后，将其从种子群里踢出。

9.在大群里发群公告，告知群成员群里的活动安排、开课时间和导师塑造。

10.使用群二维码不断在别人的朋友圈裂变，不断地让新人加入进来，循环引流。

11.开课植入新活动，筛选群体。

12.兑现之前的承诺。

13.设置新承诺或奖励，引导第二次裂变。

14.循环。

15.植入其他吸粉主张

……

三、行业大会的线上线下结合

对于打造品牌而言，网络布局的内容大多用以打造品牌IP，以文字、图片以及视频素材为主。如果想要让布局的内容丰富且有力量，那么可以配合举办一些线下活动。例如，举办行业大会就能吸引更多的行业资源一起协作联盟，更好地打造品牌IP。

1.王九山联合发起100多场行业大会

这三年当中，我们是行业里参与大会、担任主办方或协办方组委频率最多的。很多大会的主海报以及特邀嘉宾海报下都写着"媒体宣发：王九山百度霸屏团队"。我们目前已经连续参与了100多场行业大会。这个过程中，我们积累了大量的人脉和知名度，认识并服务了相关参会品牌超1000家。

在社交电商这个圈子里，我们与百分之八十的头部服务机构有过合作，如大家熟知的龚文祥、方雨、管鹏、九哥、金涛传媒、微谷、火柴合、芒果大微、社电会、群播会、沸点天下等人或机构。

参与大会的好处就是，能持续在行业里有热度和影响力。我们的团队

经常会以媒体支持的角色出现在活动宣传海报中，让更多人知道我们。而且，根据实际情况，大会也会主动根据现有的资源来尽可能地宣传作为媒体支持的我们。比如，会在门票上印我们团队的LOGO，或是在宣传手提袋、喷绘大图、LED视频中体现我们，还有时候会让我们在舞台上进行10到20分钟的分享演讲，为我们安排论坛分享以及颁奖。总之，不同的主办方会为我们提供不同的资源，双方相互宣传，一同合作，一起扩大影响力。

2.线上线下的宣发相结合

线上和线下不是孤立的。线下的内容一般可以发布到网上，而网上的内容也可以截图放到PPT里，在线下辅助宣发。线上线下的结合，可以辅助成交，扩大影响力，在打造品牌全网布局的同时，辅助招商和裂变。

除了上面所说的行业大会之外，线下活动还有很多方式，比如内训、团建、团队旅游、年会等。不同行业的属性不同，结合自己的品牌定位进行战略布局，让线上和线下相互转换配合。

变现——"附加值"是成交的关键

网络布局的目的是什么？

大部分网络布局的终极目的是变现。

变现——"附加值"是成交的关键。

大家在创作文章的时候一定要考虑引导附加值的重要性，在引流招商成交的时候要让对方知道，除了产品之外，你还能提供附加值。这些做法往往能加快客户做决定的时间，更利于快速达成合作。

以我们为例，很多客户选择我们，除了因为我们擅长的"百度霸屏全网布局"的业务以外，还因为我们擅长引流、社群裂变、教人代理、打造创始人IP、品牌策划等，可以为百度霸屏全网布局业务添砖加瓦，提供附加值，因此很多客户会觉得与我们合作物超所值。

我们擅长的很多内容其实和百度霸屏没有关系，但是有些客户正巧需要那些方面的帮助，于是找我们做帮手，辅助品牌一起往前走，让品牌快速定位，少走弯路，快速占有市场，为品牌在同行竞争中取得绝对优势。

所以，打铁还需自身硬，自己擅长的领域越多，自己的IP能量越强，越能征服客户与你产生连接。

年薪300万，谁愿意雇这种营销顾问

思考一下，如果你的目标是赚1000万元，但是苦于没有合适的方法，始终不能实现这一目标，这时候有一个人出现，且能帮助你赚到1000万元，那你愿意付100万元给他吗？

如果有一个能帮你赚到1000万的人，只要你有分享精神、共享精神、老板思维，那么你可以会付给他300万元，甚至500万元。

真正的老板都是懂得分享的。如果一个老板不懂分享，那么他是自私的，是做不大的，注定是一个人拼搏，没办法撬动别人的资源，因为他不懂得合作。

品牌的建设、引流部门的搭建、全网营销系统、流量变现系统、网络小组的成立、全网品牌战略、信息流投放，都需要真正的实战和阅历才能更好地布局。这些东西，老板没有必要都亲自做一遍，甚至可以找其他人帮你培养和筛选针对岗位的人才。

付费最爽快的人有两种：一种是微商圈的老板，另一种是社交电商领域的老板。他们付钱非常豪气、爽快，特别是那些已经有了一定成绩的女老板，因为他们知道，他们需要你的帮助，所以也会尽可能给你尊敬。这种老板一般办事雷厉风行，很容易达成目标。

最难付费的是传统老板，他们一般比较谨慎，付费前会衡量很多因素，有时候可能会与你谈条件，比如帮卖多少货，就分成多少钱等。

总结一下，我这里并不是真的让你付费300万，付费思维可以让你更快地达到想要的结果，只有会花钱才会赚钱。商业的本质是交换，交换的本质是物超所值。

龚文祥：我心中的王九山百度霸屏团队

文章来源：龚文祥公众号

今天揭秘的是王九山团队和他的"百度霸屏"！

对各位品牌方和创始人来说，"百度霸屏""互联网布局"这种话题是不可避开的。大家都知道网络布局的重要性，从百度百科到新闻媒体的发布、软文营销、口碑问答布局，等等，这些是每一个品牌的"地基"，是打造品牌或个人的IP，抑或是"网络公关"从浅到深的网络包装，关乎一个品牌的"生"与"存"。

在这个领域，王九山算是做得风生水起的人。一开始我对他并不熟悉，只是知道有这么一个人，知道很多行业大会都会邀请他作为分享嘉宾，很多行业大会大事件的海报底下都写有"媒体支持：王九山百度霸屏团队"。我的很多客户都在与他合作百度霸屏网络布局业务。后来我得知，王九山也是我们"触电会"的老会员，于是我对他进行了深入了解，从此便很放心地把他推荐给周围的人，让大家把专业的事情交给专业的团队来做。

除了介绍王九山的霸屏之外，我也给大家普及一些网络相关的知识，让大家尽可能将百度霸屏的作用发挥到最大。

另外，不管是微商还是传统品牌，一定要具备"互联网思维"。

如何判断服务商是否专业，又该如何选择优秀的服务商？

决定"深度百度霸屏"的14个因素：

1.有SEO经验，并且懂得分析长尾关键词。这样可以在百度霸屏的时候持续稳定地拥有排名。

2.品牌布局时要写大量的原创文章做支撑。百度喜欢原创文章,所以要有足够多、原创且重复度低文章做支持,才会有长时间的持久排名。量大、原创、重复度低,这三点要求很要考验服务商的内容创作功力。一般的品牌,很难有这个时间和精力来写文章,而且大部分人没有专业能力写文章软文。

3.文章具有成交逻辑。百度霸屏软文相当于销售信,自带成交逻辑。用于百度霸屏的文章,要让人看完后能对品牌、创始人以及产品有肯定或者崇拜感,并且要能让人感觉跟随品牌创业能赚到钱,没有后顾之忧;同时,文章需要对市场大环境进行相关论述,让人觉得市场空间大,复购率强,产品好卖。

4.有微商思维。无论做不做微商,微商思维都是很重要的一种思维。但是,如果对微商没有深刻的研究或接触,便很难拥有微商思维。许多传统做SEO和网站建设的团队转投做微商,但其思维并没有随之转变,依旧不具备微商思维,因而写的东西在新零售行业和微商圈水土不服。

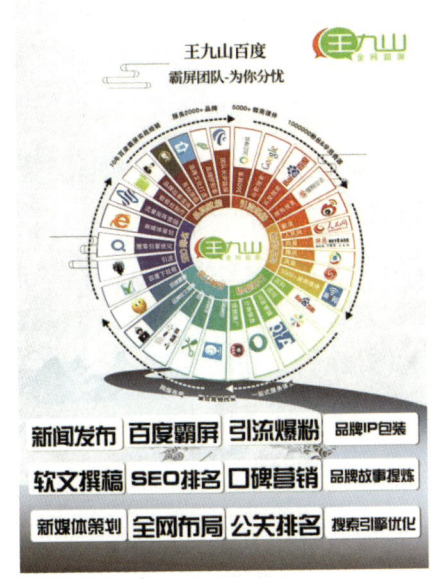

5.有引流裂变思维。我们除了打造品牌印象IP之外,还要招商引流,子弹打出去就要见到结果,因而引流裂变思维非常重要。

6.可以提供附加值。服务商是否能在主要业务的基础上提供附加值也很重要。如果花费差不多或是稍高些的费用便能够找到一个全能、综合性的服务商,能在主要业务的基础上,在其他方面也给你进行相关指导,那么为什么不选择他们呢?他们必然能给品牌加分。

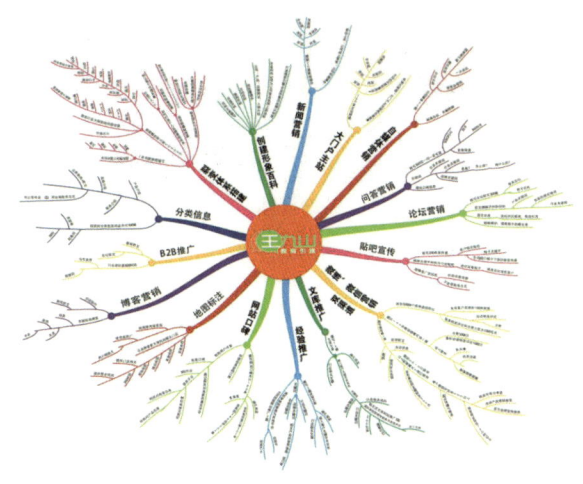

7.拥有自己总结的一套课程或资料库，且其课程有一定的影响力。一个服务商本身自己也做价值输出，拥有自己的课程或资料库，并且开办过多种课程，课程中邀请过不少行业内的大咖级人物授课，以此收到过上百上千万元的学费，那么这类服务商一定是有能力、有价值的，是品牌方可以信赖的。

8.有行业大会背书。行业大会一般算是行业内的生活，行业中的大小人物只要有时间都会尽量参加。参会简单，但有能力被大会邀请做经验分享，或是作为大会联合主办方，还是需要在行业内达到一定水平的。有行业大会背书的服务商，都是值得信赖的，也有经验或渠道让你参与到行业大会的主办活动中。

9.口碑好，办事靠谱。这一因素不光在微商和社交电商圈内适用，在其他任何行业中都适用。群众的眼睛是雪亮的，只有经历过市场认可，拥有良好口碑的组织团队，一定是值得信赖的。

10.能将文章布局在有影响力的平台。传播的三重境界：自说、他说、传说。在传统网站宣传很受局限，平台不如新闻媒体具有说服力和权威性，而在官网上宣传则相当于自说。因此，在新闻媒体上宣传是一种最佳的宣传方式。很多服务商可以在使用新闻稿的形式，以及记者的口吻去传递品牌价值，并将其发布到如新浪新闻、腾讯新闻、搜狐、网易、凤凰等知名媒体上，此外还可以在博客、论坛、门户网站、分类信息等平台做发布，做到全网布局。

11.能做到视频霸屏。现在收录比较好的平台有搜狐视频、腾讯视频、优酷、爱奇艺视频、B站，这五大平台可以霸屏很多长尾关键词。目前市场上能在视频平台霸屏的服务商很是稀缺。

12.依靠团队作战。旗下拥有多部门的服务商可以帮助合作方减少相关部门的设置，节约合作方的经历、时间和金钱，帮助处理琐碎的、合作方不擅长的事情。

13.做问答类内容的时候要能做到一问三答，而不是一问一答，并且要懂得用第三人称的他说，而不是自说，遵循成交逻辑。在做问答的过程中要合理引导，不能内容生硬，让人一眼看出是在打广告。

14.拥有可以留联系方式二维码的新闻源发布内容。很多媒体和平台是很难留联系方式的，因此拥有可以留联系方式的新闻源平台资源的服务商很难得。

▷▷▷ 王九山致新徒弟的一封信 ◁◁◁

在本书开篇已经说过关于这本书的由来。筹备这本书，并非我临时起意，而是因为我想找到一个更快速的方法来帮助我的学徒们打好基础。思来想去，觉得出书是最好的选择。因为他们可以从这本书中学到很多基础性的知识，而当他们完全掌握后，我们之间的沟通就能迅速站在同一水平线上，并可以进行新一轮的加持规划。除了研究理论上的问题，我们还要不断提升运营能力、执行能力、核心竞争力、整合能力等。

大家都知道，我的第一本书《微商引流爆粉实战手册》，曾给我带来了很多好友和粉丝。如果我们能通过学习和交流成为好友，那就是极大的缘分，我非常感恩互联网成就了我。现在，向我请教的学员遍布全国各地，来自各行各业。

相遇即缘。如果在你创业阶段刚好遇见了我，我想在我的能力范围内拿出时间陪你以及你的企业一起成长。就目前的准备来说，除了这本书，我还准备了大量的笔记和课件，以及我新录制的各种视频、音频。这些材料结合着我的实战经验定能辅导你们成长，对此我很有信心！不管你是初学者，或是已经拥有了自己的品牌，我都愿意为你们打开求知的大门，与你成为拥有共同事业的合伙人和一生挚友。

如果我们有缘相识，你将有机会获得以下支持：

1.我将教你网络布局，把我最核心的技术分享给你，包括这本书里未展开讲的内容。

2.我在线下举办的所有公开培训你都可以参加。

3.我线上的课程，你可以免费学习，也可以加进书友群和各种学习培训群。

4.我将对你进行电话咨询，诊断你的现状，升级你的营销模式。

5.帮你打造你的个人IP、朋友圈、标签、背景墙等，帮你找准自己的定位。

6.为你制定适合你的引流裂变模式和技巧，不再为没有人脉而发愁。

7.享有被我在朋友圈公开宣传、微信群推荐的优先权。

8.可以让你接受线下颁奖、采访，成为论坛分享嘉宾等，打造你的知名度。

9.可以与我资源共享，如果你的项目吸引力够强，我还将充分调动个人资源，为你对接资金和人才。

10.我的"课件军火库"中的5000个课件可以与你共享使用。

11.成为"九山铁杆联盟"的一名成员。

12.拥有"万群汇联盟"联合发起人身份，并共享社群资源。

13.成为九山合伙人，可以销售并共享王九山团队的所有产品利润。

14.帮你完成价值22万元的百度霸屏布局服务。

15.我将对你终身免费咨询辅导。

……

我没有互联网基础，可以跟你学习吗？

只要你愿意学习，零基础也是没有问题的，但你最好从事电商、微商、新零售、互联网相关行业，或者有自己创立的品牌，或者想转型从事互联网行业。努力是最好的老师，打铁还需自身硬。

书友会欢迎您的到来

通过一本书，打开一扇门，结交更多有趣的人。

确定了眼神，是对的人。茫茫书海中，我们因书相遇。我们通过阅读而结缘。我们又通过书，成为彼此的良师益友。

感谢各位对九山的垂爱。像您一样，全国各地有很多读者不约而同地选择了王九山的书籍，他们积极向上，爱学习，爱分享，爱交友，通过书的方式，我们相遇相识。为了能让更多有趣的灵魂聚在一起，我特别为本书建立了粉丝交流群，即书友群。我相信有趣的灵魂相遇，终会碰撞出令人惊喜的思维火花。

是的，我要带大家进书友群了！

书，可以是一个连接智慧的神器，也可以是一个作者和读者沟通的桥梁。欢迎你与我交流，分享你的心得和感悟。由于篇幅限制，还有很多内容和心得无法在书中与大家分享和探讨。我们把更多精彩内容放在了微信群、语音课程里，后续还将以视频教程和直播等多种方式为大家毫无保留地呈现。

只要你愿意学习，我会很开心地将所学知识与你分享，期待与你的相遇。

全网布局清单推荐表(方案一)

"百度霸屏九连环"(终极版)
一直被模仿 从未被超越

渠道	360、搜狗、百度(全网收录布局)	备注/数量
自媒体	百家号、搜狐号、今日头条、大鱼号、简书、一点、北京时间、创头条、凤凰号、企鹅号、虎嗅网、小红书…	品牌+产品+创始人
新闻+门户网站	合作媒体:腾讯新闻、中华网、易网、凤凰网、中国交通在线、搜狐网、太平洋时尚网、中讯网、榜信网、新浪新闻、消费者在线、财富资讯、甘肃零距离网、食品资讯网、IT搜购网、中讯网、中国社会新闻网、深港在线、中研网、诸城新闻网、环球网、中国新闻网、市场信息网、中国财经时报网、地方媒体…	500篇新闻媒体+600篇地方网媒 共1100篇 (权威、他说)
口碑问答	百度知道、知乎问答、360问答、新浪爱问、太平洋问答、豆瓣问答、悟空问答、搜狗问答、天涯问答…	3*200=600条 (提高品牌美誉度)
知乎排名	知乎排名(品牌ip打造)	100组
百度贴吧	贴吧排名、造势、增强霸屏	200组
视频	爱奇艺、腾讯视频、优酷视频、搜狐视频、B站 Seo矩阵排名,独家技术!	500组
论坛博客	西祠胡同、天涯论坛、猫扑论坛、红网论坛、红豆社区、麻辣社区、华声论坛、太平洋论坛、齐鲁社区、北京论坛、天天家园、海口论坛…+新浪博客	500篇 排名+引流 全方位曝光
分类信息	百姓网、列表网、58同城、今题网、搜集讯、得意搜、赶场网、一问百答…	500组 带手机号、qq等
品牌百科	百度百科或互动百科	2个
文案编辑	创始人ip故事、品牌软文、专访、采访、销售信、新闻稿、放大品牌价值、多角度展示公司实力	我们来写所有 (总超过11万字)
引流裂变	辅导团队日加200人方法	引流爆粉
附加	王九山引流裂变体系+seo指南+课件军火库+其它王九山附加服务+品牌顾问(价值12万)	超值赋能
另附赠送神秘超值附加值		
附加文库	百度文库、在线文库、豆丁网、道客巴巴网、360个人图书馆+百度经验	

以上内容:22万套餐(整体布局+写文章+引流辅导+增值服务等)最终以正式合同为准

王九山,12年百度霸屏营销经验,携团队为您服务

服务流程:确认合作-建群对接资料-7天内出文章-确认文章-7天内排名-3个月优化完毕- 1年附加增值服务!(提供详细工作报表)
扫码:备注你的品牌名字,免费诊断一次(微信876193)备注来源

最快3天霸屏,看的见的效果,用结果说话!全年展示!

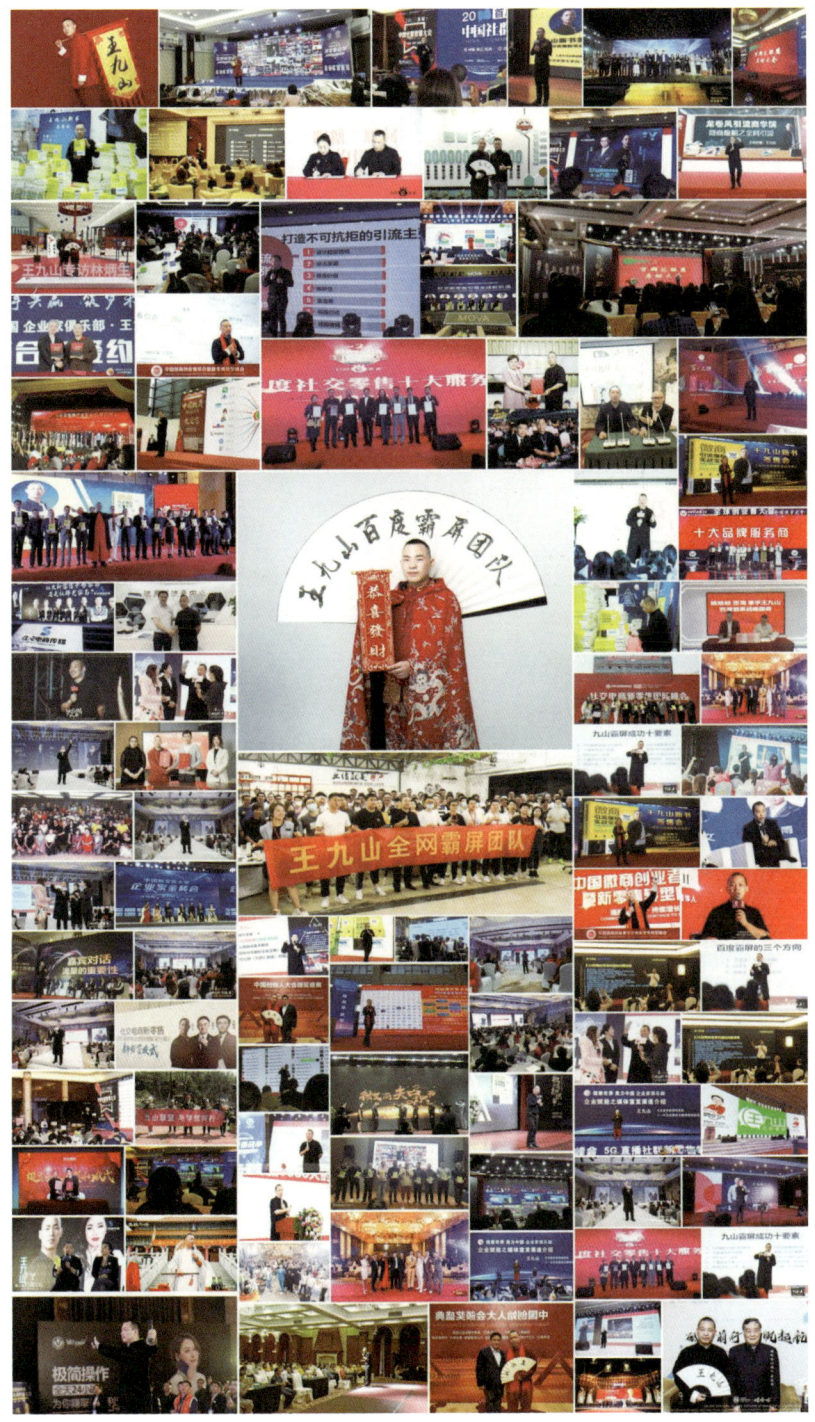

全网布局清单推荐表（方案一）

致谢

感谢帮助过我的老师们和为这本书提供了部分写作素材的朋友们,王旭、黄一恒、姜超、连赛男……

正因为有他们无私的帮助,书的出版才能如此顺利。